北京社科基金研究基地重点项目

“社会主义核心价值观的中国传统文化基础研究”

（15JDWYA001）

鉴古知今

社会主义核心价值观古典释义

方铭 著

凤凰出版社

图书在版编目（CIP）数据

鉴古知今：社会主义核心价值观古典释义 / 方铭著
. -- 南京：凤凰出版社，2017.7（2018.11重印）
ISBN 978-7-5506-2621-8

Ⅰ. ①鉴… Ⅱ. ①方… Ⅲ. ①社会主义建设－价值论－研究－中国 Ⅳ. ①D616

中国版本图书馆CIP数据核字(2017)第138103号

书　　名	鉴古知今——社会主义核心价值观古典释义
著　　者	方　铭
责任编辑	林日波
出版发行	凤凰出版社(原江苏古籍出版社) 发行部电话 025-83223462
出版社地址	南京市中央路165号,邮编:210009
出版社网址	http://www.fhcbs.com
照　　排	南京凯建图文制作有限公司
印　　刷	苏州市越洋印刷有限公司 苏州市吴中区南官渡路20号　邮编:215104
开　　本	787毫米×1092毫米　1/32
印　　张	6.5
字　　数	86千字
版　　次	2017年7月第1版　2018年11月第2次印刷
标准书号	ISBN 978-7-5506-2621-8
定　　价	35.00元

(本书凡印装错误可向承印厂调换,电话:0512-68180638)

目录

中国优秀传统文化与社会主义核心价值观建设

习近平同志提出以中国优秀传统文化为基础建设社会主义核心价值观，这个表述，体现出了作为一位中国领导人对中国优秀传统文化具有的民族情怀。就20世纪的中国政治文化生态而言，习近平同志对中国优秀传统文化的重视，具有政治思想的极大创新性。着眼于中国优秀传统政治文化发展和变迁而言，习近平同志重视中国优秀传统思想的线索，既是对中国优秀传统政治文化的继承，更体现了全面把握中国优秀传统文化核心价值高度和广度的立场。

习近平同志在讲话中，不止一次提到了“轴心时代”的概念。人类的基本文明价值来源于“轴心时代”，而且，在人类发展史上，也有不断背离“轴心时代”价值和不断回归“轴心时代”价值两种倾向，而回归“轴心时代”价值，体现了人类文明的方向。孔子是“轴心时代”中华文明的集大成者，经过他的梳理和总结，中华文明的核心价值观基本成型，这些价值观主要体现在六经及《论语》等原始儒家的著作中，而习近平同志的讲话中引述最多的内容，也正是六经及《论语》、《孟子》、《荀子》等蕴涵原始儒家核心价值观的言论。刘勰《文心雕龙·宗经》说：“经也者，恒久之至道，不刊之鸿教也。”《原道》又说：“道沿圣以垂文，圣因文而明道。”就是强调孔子、六经与道三位一体的关系，以及六经所体现的道的永恒性特征。六经和道之所以具有永恒性，是因为六经和道建立在以“天地良心”为根本保证的“天下为公”的核心价值的基础上。自汉代以来，中国传统的政治文化大都以“尊孔”和“独尊儒术”为主，但因为各朝代都建立在“天下为家”的制度基础之上，违背了孔子所倡导的“大同”的终极理想，所以，割裂孔子思想和中国优秀传统文化的整体性，基本是中国过去两千多年政治文化的常态。今天，我们以维护社会主义以实现共产主义为目标，我们的政治文化理应是以“天下为公”为出发点和归宿的，因此，这就给我们复兴以孔子等儒家圣贤为代表的中国优秀传统文化提供了坚实的价值基础。

近些年来，我们不断提到“中国文化”和“中国优秀传统文化”的概念，在我看来，我们应该对“中国文化”和“中国优秀传统文化”进行区别。“中国文化”内容可能涉及各个方面，有道有器，有粗有精，有伪有真，但是，“中国优秀传统文化”应该是那些传自“轴心时代”而体现人类文明方向的核心价值，是“载道”的文化。

如果把“中国优秀传统文化”严格限制在“载道”的范围内，那么其核心价值当主要来源于孔子，中心思想就是“忠恕”、“均平”、“仁惠”。这三个概念完全包容法国大革命以来西方近代的文明成果，即“自由”、“平等”、“博爱”思想，而内涵却更为丰富和深刻。

孔子所倡导的忠恕、均平、仁惠的思想，具有五个明显特征：一是萌芽和生长在中国的优秀传统文化，这是主体性特征；二是被中国人长期坚守的优秀传统文化，这是传承性特征；三是符合人道主义原则的优秀传统文化，这是普遍性特征；四是符合人类文明方向的优秀传统文化，这是世界性特征；五是可以作为建构未来的优秀传统文化，这是永恒性特征。这五个特征，既保证有鲜明的中国特色，又保证了与人类文明的同一性。在此基础上建设的社会主义核心价值观，才是可以带领我们走向世界、走向未来文明的核心价值观。

《论语·雍也》载，子贡曰："如有博施于民而能济众，何如？可谓仁乎？"子曰："何事于仁，必也圣乎！尧、舜其犹病诸！夫仁者，己欲立而立人，己欲达而达人。能近取譬，可谓仁之方也已。"《论语·颜渊》载，子曰："出门如见大宾，使民如承大祭。己所不欲，勿施于人。在邦无怨，在家无怨。"《论语·卫灵公》载，子贡问曰："有一言而可以终身行之者乎？"子曰："其恕乎！己所不欲，勿施于人。""忠"是正心诚意，敬业守信，是尽己之道；"恕"是"己欲立而立人，己欲达而达人”,“己所不欲,勿施于人”,是推己之道。我们平常所说的“良心”,就包含在“忠恕”之中。

《论语·季氏》载,孔子曰:“求,君子疾夫舍曰欲之而必为之辞。丘也闻有国有家者,不患寡而患不均,不患贫而患不安。盖均无贫,和无寡,安无倾。夫如是,故远人不服,则修文德以来之;既来之,则安之。今由与求也,相夫子,远人不服,而不能来也;邦分崩离析,而不能守也;而谋动干戈于邦内。吾恐季孙之忧,不在颛臾,而在萧墙之内也。”“均平”不仅仅是财富公平,也包括政治权利的公平,宋代农民起义者提出的“均贫富,等贵贱”的主张,就是根植于孔子思想的。“远人不服,则修文德以来之”,既是处理国内不同族群和不同阶层之间矛盾时应该尊奉的原则,更是当今建立世界和平新秩序可以取法的重要门径。

《礼记·礼运》开篇引孔子说:“大道之行也,天下为公。选贤与能,讲信修睦。故人不独亲其亲,不独子其子,使老有所终,壮有所用,幼有所长,矜(通“鳏”)、寡、孤、独、废、疾者有所养,男有分,女有归。

货恶其弃于地也，不必藏于己；力恶其不出于身也，不必为己。是故谋闭而不兴，盗窃乱贼而不作，故外户而不闭，是谓大同。”大同之道就是均平之道，就是公平之道，就是公正之道。郭店楚简《唐虞之道》说：“尧舜之行，爱亲尊贤。爱亲故孝，尊贤故禅。孝之方，爱天下之民。禅之传，世亡隐德。孝，仁之冕也。禅，义之至也。六帝兴于古，咸由此也。爱亲忘贤，仁而未义也。尊贤遗亲，义而未仁也。”中国古代家庭伦理中的孝悌观念，其践行也是以天下为公为最高准则的。《唐虞之道》又说：“《虞诗》曰：‘大明不出，万物皆暗。圣者不在上，天下必坏。’治之至，养不肖。乱之至，灭贤。”《虞诗》是虞舜时代的诗歌，“举贤”和“养不肖”，“矜、寡、孤、独、废、疾者有所养”，体现了孔子赞扬的尧舜时代的平等思想包含的文明高度，这也正是社会主义和共产主义所要实现的目标之一。

《尚书·尧典》说唐尧曰：“钦、明、文、思、安安，允恭克让，光被四表，格于上下。克明俊德，以亲九族。九族既睦，平章百姓。百姓昭明，协和万邦。黎民于变时雍。”尧亲睦九族、百姓、万邦，就是践行仁惠之德。《论语·公冶长》云：“子谓子产，有君子之道四焉：其行己也恭，其事上也敬，其养民也惠，其使民也义。”《论语·宪问》载：“子路问君子。子曰：‘修己以敬。’曰：‘如斯而已乎？’曰：‘修己以安人。’曰：‘如斯而已乎？’曰：‘修己以安百姓。修己以安百姓，尧、舜其犹病诸。’”《论语·尧曰》载，子张向孔子发问说：“何如斯可以从政矣？”子曰：“尊五美，屏四恶，斯可以从政矣。”子张曰：“何谓五美？”子曰：“君子惠而不费，劳而不怨，欲而不贪，泰而不骄，威而不猛。”子张曰：“何谓惠而不费？”子曰：“因民之所利而利之，斯不亦惠而不费乎？择可劳而劳之，又谁怨？欲仁而得仁，又焉贪？君子无众寡，无小大，无敢慢，斯不亦泰而不骄乎？君子正其衣冠，尊其瞻视，俨然人望而畏之，斯不亦威而不猛乎？”子张曰：“何谓四恶？”子曰：“不教而杀谓之虐，不戒视成谓之暴，慢令致期谓之贼。犹之与人也，出纳之吝谓之有司。”“仁惠”建立在公平公正的基础上，节用而爱人，善待人民，全心全意为人民服务，就是“仁惠”的具体表现。

有人认为，中国近代社会的衰落，说明中国传统文化是没有生命力的。实际上，以孔子为代表的中国优秀传统文化包含的价值观具有普适性，是统治者可以取则的。可惜的是，自汉代以来，中国古代社会的种种弊病，以及近代的衰落，主要是因为没有真正贯彻“天下为公”之道，没有真正按照“轴心时代”孔子所阐述的政治理想的完整体系去建设完善的政治文化，没有真切地贯彻忠恕、均平、仁惠的价值观，而是常常把主要精力放在剥削和压迫国内人民的短期乃至短视的目标上，导致在中国漫长的封建时代的历史进程中，治乱轮替。“治世”必然是或多或少贯彻了孔子思想的时代，而“乱世”必然是在实践中完全违背了孔子思想的时代。《荀子 · 子道》说：“入孝出弟，人之小行也；上顺下笃，人之中行也；从道不从君，从义不从父，人之大行也。”中国历史上，一些可以改变历史进程的人没有能在“从道”和“从义”上下功夫，这才导致了中国近代社会的衰落。

朱熹《中庸章句序》说:“盖自上古圣神继天立极,而道统之传有自来矣。”《朱子语类》卷十七说,“道理至广至大”,因此,道统之传不仅仅是“言忠信,行笃敬”,如果仅止于此,“则自汉唐以来,岂是无此等人”。也就是说,道统之传在汉唐以后,就打了折扣。卷十三说,“学者当常以‘志士不忘在沟壑’为念,则道义重,而计较死生之心轻矣”,“人须是有廉耻。孟子曰:‘耻之于人大矣!’耻便是羞恶之心。人有耻,则能有所不为。……人言今人只见曾子唯一贯之旨,遂得道统之传。此虽固然,但曾子平日是个刚毅有力量、壁立千仞底人”。建设社会主义核心价值观,需要全社会特别是各级领导者完整地领会中国优秀传统文化的核心价值观,树立“能有所不为”的“知止”观,做一个坚持践行中国优秀传统文化而“刚毅有力量、壁立千仞”的人。

理財贍國

富 强

富强指富裕而强盛，富的反义词为“贫”，强（“彊”），弓有力，反义词为“弱”。在中国早期的经典

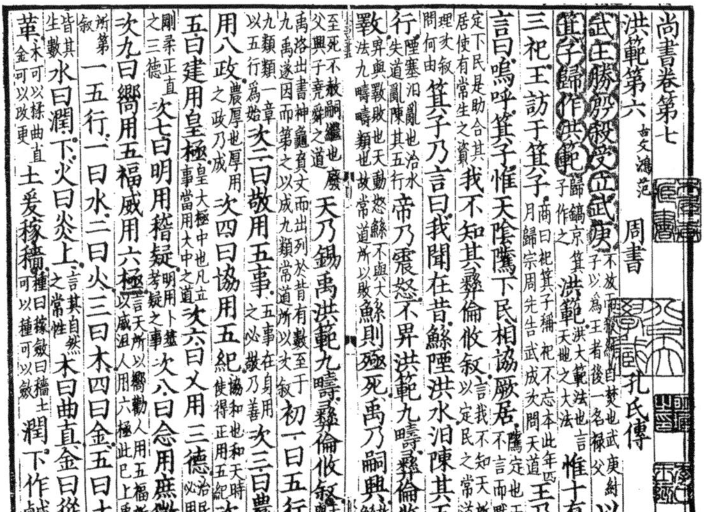
尚書卷第七

洪範第六 古文鴻范 周書 孔氏傳

武王勝殷殺受立武庚（不放而殺紂自焚也武庚紂子以爲王者後一名祿父）以箕子歸作洪範（歸鎬京箕子作之）

洪範（洪大範法也言天地之大法）惟十有三祀王訪于箕子（商曰祀箕子稱祀不忘本此年四月歸宗周先告武成次問天道）王乃言曰嗚呼箕子惟天陰騭下民相協厥居（騭定也天不言而默定下民是助合其居使有常生之資）我不知其彝倫攸敘（言我不知天所以定民之常道理次敘問何由）箕子乃言曰我聞在昔鯀陻洪水汩陳其五行（陻塞汩亂也治水失道亂陳其五行）帝乃震怒不畀洪範九疇彝倫攸斁（畀與斁敗也天動怒鯀不與大法九疇疇類也故常道所以敗）鯀則殛死禹乃嗣興（放鯀至死不赦嗣繼也廢父興子堯舜之道）天乃錫禹洪範九疇彝倫攸敘（天與禹洛出書神龜負文而出列於背有數至于九禹遂因而第之以成九類常道所以次敘）初一曰五行（九類類一章以五行爲始）次二曰敬用五事（五事在身用之必敬乃善）次三曰農用八政（農厚也厚用之政乃成）次四曰協用五紀（協和也和天時使得正用五紀）次五曰建用皇極（皇大極中也凡立事當用大中之道）次六曰乂用三德（治民必用剛柔正直之三德）次七曰明用稽疑（明用卜筮考疑之事）次八曰念用庶徵次九曰嚮用五福威用六極（言天所以嚮勸人用五福所以威沮人用六極此已上禹所第敘）

一五行一曰水二曰火三曰木四曰金五曰土（皆其生數）水曰潤下火曰炎上（言其自然之常性）木曰曲直金曰從革（木可以揉曲直金可以改更）土爰稼穡（種曰稼斂曰穡土可以種可以斂）潤下作鹹

《尚书·洪范》书影

中,“富”、“强”二字常分别出现。《尚书·洪范》说:“凡厥正人,既富方谷。”孔安国解释说:“凡其正直之人,既当以爵禄富之,又当以善道接之。”《尚书·洪范》又说:“汝则有大疑,谋及乃心,谋及卿士,谋及庶人,谋及卜筮。汝则从,龟从,筮从,卿士从,庶民从,是之谓大同。身其康强,子孙其逢。”是说兼听则明的道理,如此则社会和谐,于自身则能康健,子孙绵延强大。

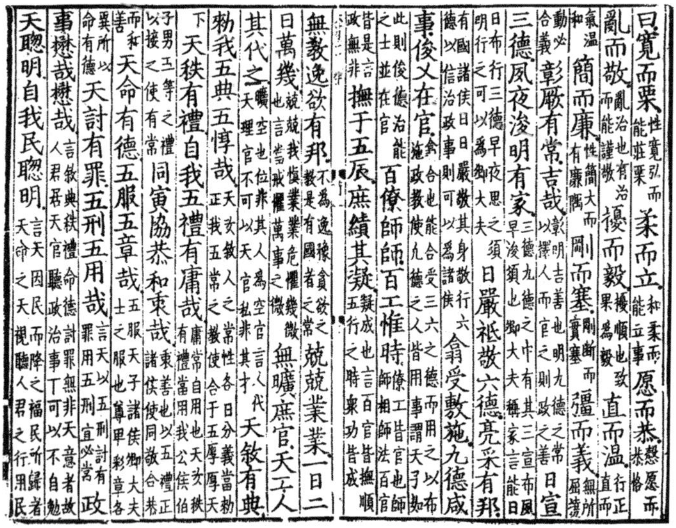

《尚书·皋陶谟》书影(“宽而栗”)

《尚书·皋陶谟》有皋陶“九德”:“宽而栗,柔而立,愿而恭,乱而敬,扰而毅,直而温,简而廉,刚而塞,强而义。”指宽弘而又庄严,柔和而又独立,诚实而又恭敬,多能而又敬业,多虑而又坚定,正直而又温和,平易而又自律,刚毅而又通达,强大而又守义。“九德”的十八种品性两两相对,去其过而用其长。“强而义”,指“强”必须和“义”结合,否则就容易沦为暴虐。

《尚书·洪范》中将“富”作为五种福报中的一种,而不言“强”;在“六极”即六种惩罚中,“贫”和“弱”都被视为一种惩罚。

《周礼·天官冢宰》说太宰“掌建邦之六典,以佐王治邦国”,六典即治、教、礼、政、刑、事诸典,其中事典即“以富邦国,以任百官,以生万民”,又说:“以富得民。”《周礼·地官司徒》说大司徒“以保息六养万民:一曰慈幼,二曰养老,三曰振穷,四曰恤贫,五曰宽疾,六曰安富”。太宰、大司徒这样的国家股肱,其职责就在于使国家富强,人民富裕,恤贫赈困,扶持幼弱。

《管子》中较早以“富强”连文,并把富强定义为

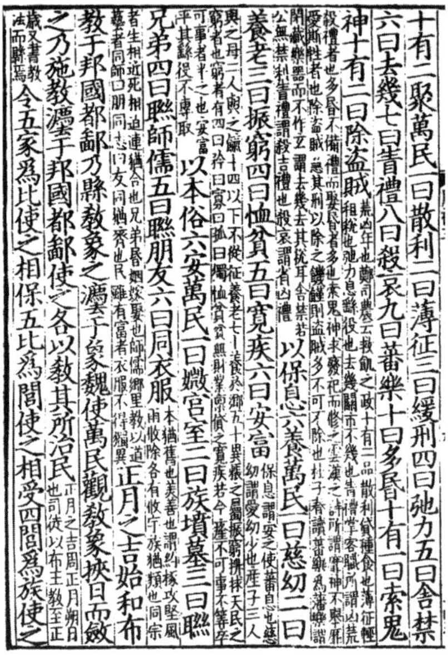
十有二聚萬民一曰散利二曰薄征三曰緩刑四曰弛力五曰舍禁
六曰去幾七曰眚禮八曰殺哀九曰蕃樂十曰多昏十有一曰索鬼
神十有二曰除盜賊
以保息六養萬民一曰慈幼二曰
養老三曰振窮四曰恤貧五曰寬疾六曰安富
以本俗六安萬民一曰媺宮室二曰族墳墓三曰聯
兄弟四曰聯師儒五曰聯朋友六曰同衣服
正月之吉始和布
教于邦國都鄙乃縣教象之灋于象魏使萬民觀教象挾日而斂
之乃施教灋于邦國都鄙使之各以教其所治民
令五家爲比使之相保五比爲閭使之相受四閭爲族使之

《周礼·地官司徒》书影
（“以保息六养万民”）

“国富兵强”。《形势解》说：“主之所以为功者，富强也。故国富兵强，则诸侯服其政，邻敌畏其威，虽不用宝币事诸侯，诸侯不敢犯也。主之所以为罪者，贫弱也。故国贫兵弱，战则不胜，守则不固，虽出名器重宝以事邻敌，不免于死亡之患。”国富兵强是治国者的责任，国贫兵弱是治国者的罪过，国富兵强不是为了战争，而是为了防止战乱。

《晏子春秋·内篇谏上第一》载晏子说“天之下殃”是“固于富强”，即沉迷于国富兵强之中，刚愎自用，“为善不用，出政不行，贤人使远，谗人反昌，百姓疾怨”，必须“去冤聚之狱，使反田矣；散百官之财，施之民矣；振孤寡而敬老人矣”。只有关心弱势群体，使普通群众能分享国家富裕强盛的成果，才能拯危济难。

管子卷第二十　唐司空房玄齡注
形勢解第六十四　管子解二
形勢解第六十四
山者物之高者也惠者主之高行也慈者父母之高行也忠者臣之高行也孝者子婦之高行也故山高而不崩則祈羊至主惠而不解則民奉養父母慈而不解則子婦順臣下忠而不解則爵祿至子婦孝而不解則美名附故節高而不解則所欲得矣解則不得故曰山高而不崩則祈羊至矣
淵者衆物之所生也能深而不涸則沈玉至主者人之所仰而生也能寬裕純厚而不苛忮則民人附父母者子婦之所受教也能慈仁教訓而不失理則子婦孝臣下者主之所用也能盡力事上則當於主子婦者親之所以安也能孝弟順

《管子·形势解》书影

法家是战国时期“富国强兵”主张的积极倡导者。《汉书·艺文志·诸子略》说魏国宰相李悝的思想即为“富国强兵”。商鞅早年受李悝思想影响，《商君书·算地》说：“利出于地，则民尽力；名出于战，则民致死。入使民尽力，则草不荒；出使民致死，则胜敌。胜敌而草不荒，富强之功，可坐而致也。”国家要富强，必须建立奖励农战的政治制度。利益必须是从事农业生产的人获取，功名必须授予打仗的人。

韩非子认为国家富强，必须靠农战之士。《韩非子·和氏》说：“楚不用吴起而削乱，秦行商君法而富强。”《六反》说：“故名赏在乎私恶当罪之民，而毁害在乎公善宜赏之士，索国之富强，不可得也。”《显学》说：“磐石千里，不可谓富；象人百万，不可谓强。石非不大，数非不众也，而不可谓富强者，磐不生粟，象人不可使距敌也。今商官技艺之士亦不垦而食，是地不垦，与磐石一贯也。儒侠毋军劳显而荣者，则民不使，与象人同事也。”《八说》说：“明主者，通于富强则可以得欲矣。故谨于听治，富强之法也。……故存国者，非仁义也。”

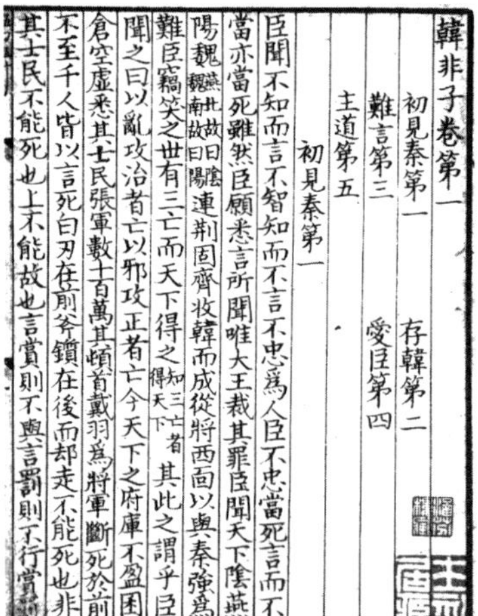
韓非子卷第一
初見秦第一　存韓第二
難言第三　愛臣第四
主道第五
初見秦第一
臣聞不知而言不智知而不言不忠爲人臣不忠當死言而不
當亦當死雖然臣願悉言所聞唯大王裁其罪臣聞天下陰燕
陽魏燕北故曰陰魏南故曰陽連荊固齊收韓而成從將西面以與秦強爲
難臣竊笑之世有三亡而天下得之知三亡者得天下其此之謂乎臣
聞之曰以亂攻治者亡以邪攻正者亡今天下之府庫不盈囷
倉空虛悉其士民張軍數十百萬其頓首戴羽爲將軍斷死於前
不至千人皆以言死白刃在前斧鑕在後而却走不能死也非
其士民不能死也上不能故也言賞則不與言罰則不行賞罰

《韩非子》书影

《史记·商君列传》载商鞅先以“帝道”说秦孝公，孝公“时时睡，弗听”；再以“王道”说，“益愈，然而未中旨”；又以“霸道”说，孝公认为“可与语矣”；最后以“强国之术”说，孝公“不自知膝之前于席也，语数日不厌”。“帝道”指尧舜天下为公的大同之道，即领导人全心全意为民服务，共享财富；“王道”指夏商周三代的德治精神，其特点是承认天下为家，但君主之所以为君主，是为了服务于民的，所以要吃苦在前，享乐在后；“霸道”指春秋五霸时期实行的仁政，即承认王者的特权，但认为王者应善待生民，可以吃肉，但一定要给群众汤喝；“强国之术”强调君主的“独尊”，顺之则昌，逆之则亡。商鞅知道帝道、王道、霸道、强国之术是一个退化的过程，但他还是为秦孝公提供了一个等而下之的政治策略。

《管子》一书，内容驳杂，其中不乏法家思想。《管子·国蓄》说：“民富则不可以禄使也。”《管子·山权》说：“民富则不如贫。”《韩非子·六反》说：“足民何可以为治。”法家以维护君主专政为目的，所以，民之富与贫，着眼点完全看是否有利于君主专制，这与儒家完全不同。

孔子说：“为政以德，譬如北辰，居其所而众星共之。”又说：“道之以政，齐之以刑，民免而无耻。道之以德，齐之以礼，有耻且格。”（《论语·为政》）法家和儒家的分歧点，主要在于法家把“富强”与君王的“独

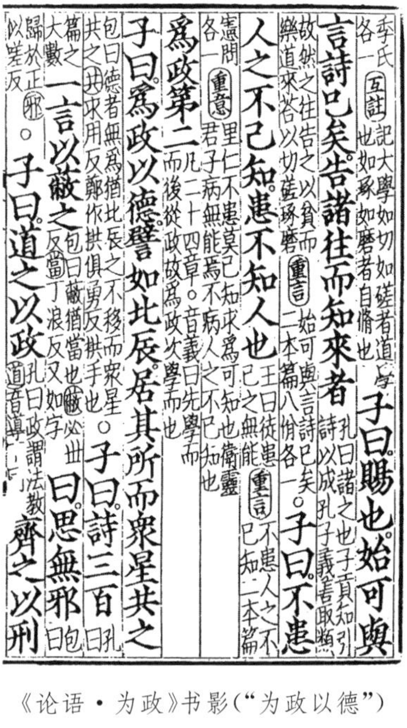
季氏各一 互註 記大學如切如磋者道學也如琢如磨者自脩也 子曰賜也始可與
言詩已矣告諸往而知來者 孔曰諸之也子貢知引詩以成孔子義善取類
故然之往告之以貧而樂道來荅以切磋琢磨 重言 始可與言詩已矣二本篇八佾各一 ○子曰不患
人之不己知患不知人也 王曰徒患己之無能 重言 不患人之不己知二本篇
憲問各一 重意 里仁不患莫己知求為可知也衛靈君子病無能焉不病人之不己知也
為政第二 凡二十四章○音義曰先學而後從政故為政次學而也
子曰為政以德譬如北辰居其所而衆星共之
包曰德者無為猶北辰之不移而衆星共之 共 求用反鄭作拱俱勇反拱手也 ○子曰詩三百 孔曰
篇之大數 一言以蔽之 包曰蔽猶當也 蔽 必世反當丁浪反又如字 曰思無邪 包曰
歸於正 邪 似嗟反 ○子曰道之以政 孔曰政謂法教 道 音導 齊之以刑

《论语·为政》书影（“为政以德”）

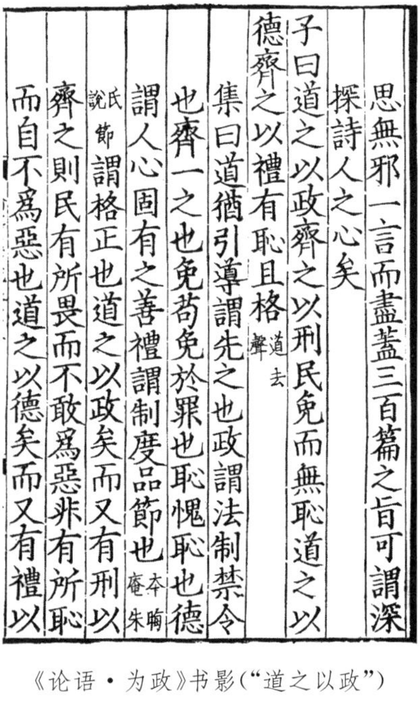
思無邪一言而盡蓋三百篇之旨可謂深
探詩人之心矣
子曰道之以政齊之以刑民免而無恥道之以
德齊之以禮有恥且格 道去聲
集曰道猶引導謂先之也政謂法制禁令
也齊一之也免苟免於罪也恥愧恥也德
謂人心固有之善禮謂制度品節也 本晦菴朱
氏說 節謂格正也道之以政矣而又有刑以
齊之則民有所畏而不敢為惡非有所恥
而自不為惡也道之以德矣而又有禮以

《论语·为政》书影（“道之以政”）

尊”牢牢捆绑在一起，站在维护君主权威和利益的立场上，通过富国强兵之术，实现中央集权、君主专制，而儒家则认为君主应该以全体民众的幸福和权力为最大利益。也正因此，在孔子与儒家的思想体系中，富强不单是国富兵强，还必须包括“国富民富”、“国强民强”、“国富民强”、“民富国强”诸多意义。富强的目的是为了人民有更多福祉与快乐。国富民富，就是要共同富裕，富裕的成果为全体人民所共享；国强民强，指国家有完善的制度设计，人民有自觉的坚守，不会为了追求现实的利益而背弃社会正义；国富民强，指的是国家保障民生，人民有坚守，可以在危亡之时有能力拯救国家；民富国强，指只有人民生活富裕幸福，国家才能强盛。《礼记·郊特牲》说：“富也者福也。”《礼记·礼运》说：“协于艺，讲于仁，得之者强。”《礼记·祭义》说：“老穷不遗，强不犯弱，众不暴寡。”富是为了幸福，强不能背离仁义，这是孔子及儒家追求富强的前提。

《礼记·中庸》载，子路问强。孔子以“和而不

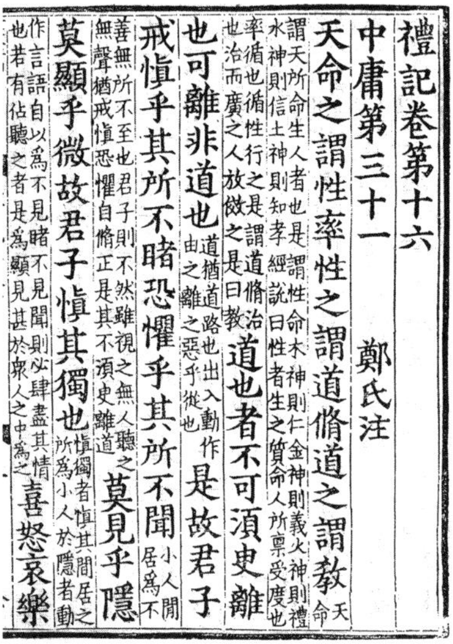

禮記卷第十六

中庸第三十一　鄭氏注

天命之謂性率性之謂道脩道之謂教天命謂天所命生人者也是謂性命木神則仁金神則義火神則禮水神則信土神則知孝經說曰性者生之質命人所稟受度也率循也循性行之是謂道脩治也治而廣之人放傚之是曰教道也者不可須臾離也可離非道也道猶道路也出入動作由之離之惡乎從也是故君子戒慎乎其所不睹恐懼乎其所不聞小人閒居為不善無所不至也君子則不然雖視之無人聽之無聲猶戒慎恐懼自脩正是其不須臾離道莫見乎隱莫顯乎微故君子慎其獨也慎獨者慎其閒居之所為小人於隱者動作言語自以為不見睹不見聞則必肆盡其情也若有佔聽之者是為顯見甚於衆人之中為之喜怒哀樂

《礼记·中庸》书影

流”、“中立而不倚”、“国有道，不变塞焉”、“国无道，至死不变”来回答，就是指君子之强，在于坚守正道，不屈服于权势而言。又说：“有弗学，学之弗能，弗措也；有弗问，问之弗知，弗措也；有弗思，思之弗得，弗措也；有弗辨，辨之弗明，弗措也；有弗行，行之弗笃，弗措也。人一能之己百之，人十能之己千之。果能此道矣，虽愚必明，虽柔必强。”“发强刚毅，足以有执也。”这是说追求正道，永远不放弃，才是强。《礼记·表记》载孔子说：“君子庄敬日强，安肆日偷。”意思是君子只有兢兢业业才是强。又说：“事君可贵可贱，可富可贫，可生可杀，而不可使为乱。”也就是说，作为大臣，贵贱贫富生死是次要的，不谄媚君主、迫害百姓，不做伤天害理之事，才是首先应该坚守的底线。《礼记·聘义》说：“故强有力者，将以行礼也。……故所贵于勇敢者，贵其敢行礼义也。故勇敢强有力者，天下无事，则用之于礼义；天下有事，则用之于战胜。用之于战胜则无敌；用之于礼义则顺治，

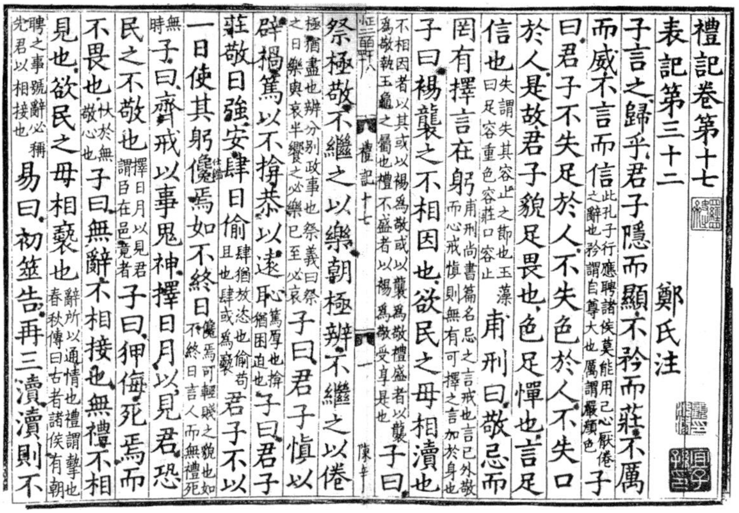
禮記卷第十七
表記第三十二　鄭氏注
子言之歸乎君子隱而顯不矜而莊不厲而威不言而信此孔子行應聘諸侯莫能用已心厭倦之辭也矜謂自尊大也厲謂嚴顏色子曰君子不失足於人不失色於人不失口於人是故君子貌足畏也色足憚也言足信也失謂失其容止之節也玉藻曰足容重色容莊口容止甫刑曰敬忌而罔有擇言在躬甫刑尚書篇名忌之言戒也言已外敬而心戒慎則無有可擇之言加於身也
子曰裼襲之不相因也欲民之毋相瀆也不相因者以其或以裼為敬或以襲為敬禮盛者以襲為敬執玉龜之屬也禮不盛者以裼為敬受享是也
子曰祭極敬不繼之以樂朝極辨不繼之以倦極猶盡也辨分別政事也祭義曰祭之日樂與哀半饗之必樂已至必哀
子曰君子慎以辟禍篤以不揜恭以遠恥篤厚也揜猶困迫也
子曰君子莊敬日強安肆日偷肆猶放恣也偷苟且也肆或為褻君子不以一日使其躬儳焉如不終日儳焉可輕賤之貌也如不終日言人而無禮死無時
子曰齊戒以事鬼神擇日月以見君恐民之不敬也擇日月以見君謂臣在邑竟者
子曰狎侮死焉而不畏也忕於無敬心也
子曰無辭不相接也無禮不相見也欲民之毋相褻也辭所以通情也禮謂摯也春秋傳曰古者諸侯有朝聘之事號辭必稱先君以相接也易曰初筮告再三瀆瀆則不

《礼记·表记》书影（“君子庄敬日强”）

外无敌，内顺治，此之谓盛德。故圣王之贵勇敢强有力如此也。勇敢强有力而不用之于礼义战胜，而用之于争斗，则谓之乱人。”勇敢乃在于持守礼义的坚韧，而不是争强斗勇。

《周易·系辞上》说：“富有之谓大业，日新之谓盛德。”《论语·子路》载，孔子适卫，冉有问：“既庶矣，又何加焉？”孔子回答说：“富之。”冉有又问：“既富矣，又何加焉？”孔子回答说：“教之。”孔子认为，不仅要让人民过上富裕的生活，还要教人民树立文明的价值观。只有

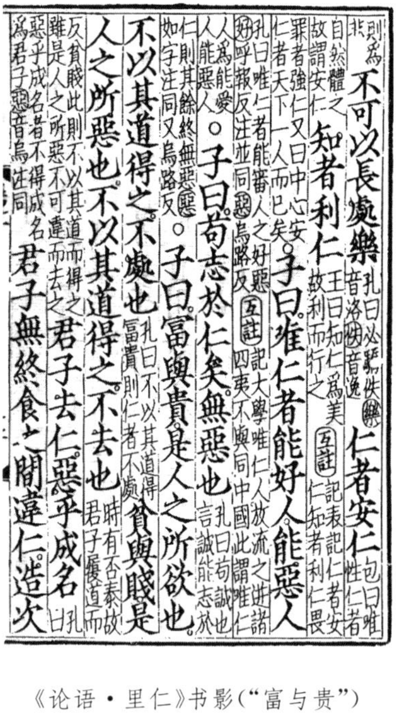
則爲非不可以長處樂（孔曰必驕佚 樂音洛佚音逸）仁者安仁（包曰唯性仁者
自然體之故謂安仁）知者利仁（王曰知仁爲美故利而行之）互註（記表記仁者安仁知者利仁畏
罪者強仁又曰中心安仁者天下一人而已矣）○子曰唯仁者能好人能惡人
（孔曰唯仁者能審人之好惡 好呼報反注並同惡烏路反）互註（記大學唯仁人放流之迸諸四夷不與同中國此謂唯仁
人爲能愛人能惡人）○子曰苟志於仁矣無惡也（孔曰苟誠也言誠能志於
仁則其餘終無惡 惡如字注同又烏路反）○子曰富與貴是人之所欲也
不以其道得之不處也（孔曰不以其道得富貴則仁者不處）貧與賤是
人之所惡也不以其道得之不去也（時有否泰故君子履道而
反貧賤此則不以其道而得之雖是人之所惡不可違而去之）君子去仁惡乎成名（孔曰
惡乎成名者不得成名爲君子 惡音烏注同）君子無終食之間違仁造次

《论语·里仁》书影（“富与贵”）

富而有礼，才是文明的社会。

孔子认为，富贵虽是人之所欲，但得之必以其道，他说：“富与贵，是人之所欲也；不以其道得之，不处也。贫与贱，是人之所恶也；不以其道得之，不去也。”（《论语·里仁》）“富而可求也，虽执鞭之士，吾亦为之。如不可求，从吾所好。”“不义而富且贵，于我如浮云。”（《论语·述而》）“君子谋道不谋食。”“君子忧道不忧贫。”（《论语·卫灵公》）“君子周急不继富。”（《论语·雍也》）“邦有道，贫且贱焉，耻也；邦无道，富且贵焉，耻也。”（《论语·泰伯》）

孔子认为，富裕虽然重要，但社会公平更为重要，所谓“不患寡而患不均，不患贫而患不安”（《论语·季氏》）。贫富总是相对的，但如果贫富分化严重，社会强弱分明，都会导致社会公平的丧失。

孔子说：“不仁者不可以久处约，不可以长处乐。”（《论语·里仁》）“好勇疾贫，乱也。”（《论语·泰伯》）贪婪和为富不仁者，无论是贫贱还是富贵，都可能成为破坏社会和谐的邪恶力量。

孟子像 （故宫南薰殿旧藏）

《论语·学而》载，子贡问："贫而无谄，富而无骄，何如？"孔子说："可也。未若贫而乐，富而好礼者也。"一个人不卑不亢地获取财富固然是优点，而一心向道，把拯救社会、建立公平的社会制度当作自己的目标，则是更高的人生境界。孔子说："贫而无怨难，富而无骄易。"（《论语·宪问》）安贫乐道，是比富而无骄更难做到的。孟子说："居天下之广居，立天下之正位，行天下之大道；得志，与民由之；不得志，独行其道。富贵不能淫，贫贱不能移，威武不能屈，此之谓大丈夫。"（《孟子·滕文公下》）富贵而不耽于逸乐，贫贱而不慑于饥寒，强权面前不低头，坚持理想不动摇，这才是大丈夫的行为。《礼记 · 曲礼上》说：“富贵而知好礼，则不骄不淫；贫贱而知好礼，则志不慑。”《礼记 · 坊记》载孔子说：“小人贫斯约，富斯骄；约斯盗，骄斯乱。……故圣人之制富贵也，使民富不足以骄，贫不至于约，贵不慊于上，故乱益亡。”孔子又说：“贫而好乐，富而好礼，众而以宁者，天下其几矣。”富贵如果没有礼义，这样的富贵不是福，而是祸。

富强是近代中国社会积弱积弊后大家共同的梦想，实际上也是中国古代一切有识之士在面临社会剧变和社会蜕化过程中所追逐的梦想，战国时期楚国的伟大诗人屈原《惜往日》诗中有“国富强而法立

兮，属贞臣而日娭”的句子，这里的“国富强”，不仅包含国富兵强之意，而且更多的是寄托着希望楚国政治清明的理想。中国建设社会主义核心价值观，把“富强”作为国家层面的首要目标和基础目标，体现了中国人的价值追求，也贯彻着中国优秀传统文化的精神内涵。我们今天对富强的渴望，绝不能仅仅止于国富兵强，而是应该体现孔子和儒家思想家所倡导的国富民富、国强民强、民富国强的价值追求。只有实现了全体人民实实在在的幸福感和自豪感，才是国家真正的富强。当然，中国的富强，也不是为了和别国争强斗胜，而是为了防御外侮，为了实现世界和平，为了让中国和世界他国融入到一个和谐的大家庭中。

諫鼓謗木

民　主

“民主”即民治，即在一个主权国家的政治事务中，主权在民，人民利益至上，人民当家作主，贯彻多数人决定的原则，一切政府机关的职员和领导人都是人民公仆。民主的反义词是“专制”。清末郑观应著《盛世危言》，指出“君主者，权偏于上；民主者，权偏于下”，盛赞泰西诸国的议会制“集众思，广众益，用人

郑观应像

行政一秉至公,法诚良,意诚美矣”,符合孔子的政治主张。毛泽东在自传中说他幼年喜欢《盛世危言》,并引动了他继续求学的欲望。

中国人的政治观念中,很早就有天下为公、主权在民的观点。孔子认为中国古代社会的演变,是一个由大同至小康、由小康至乱世的退化过程。因此,孔子的政治理想是希望由礼崩乐坏的乱世而恢复周礼德治的小康社会,再由小康社会到五帝时期天下为公的大同时期。《礼记·礼运》载孔子说大同时代领导人的遴选采用“选贤与能”的选举制度,领导人要保证社会公平,并对鳏寡孤独废疾者等弱势群体进行救济,没有自己的个人利益和小集团利益。《论语·泰伯》载孔子说:“大哉尧之为君也!巍巍乎!唯天为大,唯尧则之。荡荡乎,民无能名焉。巍巍乎其有成功也,焕乎其有文章!”又说:“巍巍乎,舜、禹之有天下也而不与焉!”孔子对尧、舜、禹的赞扬,都是缘于他们不以天下为自己的私产,而能把全体人民的利益放在第一位。

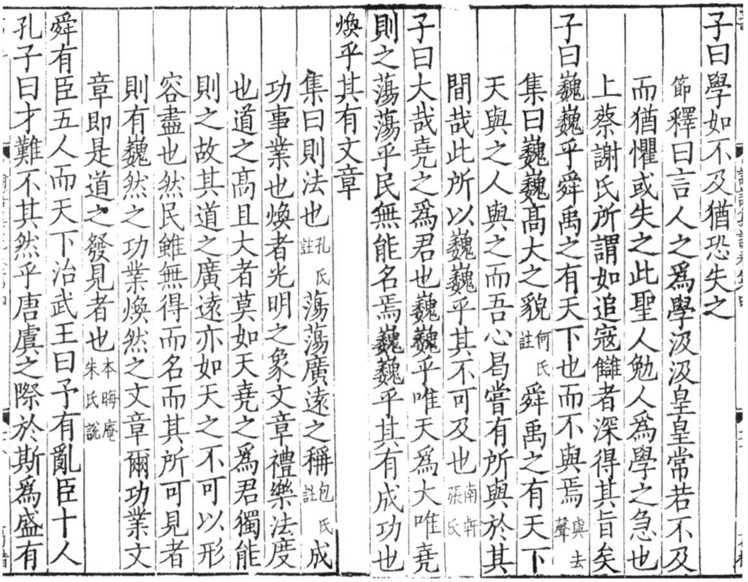
子曰學如不及猶恐失之
節釋曰言人之爲學汲汲皇皇常若不及
而猶懼或失之此聖人勉人爲學之急也
上蔡謝氏所謂如追寇讎者深得其旨矣
子曰巍巍乎舜禹之有天下也而不與焉 與去聲
集曰巍巍高大之貌 註何氏 舜禹之有天下
天與之人與之而吾心曷嘗有所與於其
間哉此所以巍巍乎其不可及也 南軒張氏
子曰大哉堯之爲君也巍巍乎唯天爲大唯堯
則之蕩蕩乎民無能名焉巍巍乎其有成功也
煥乎其有文章
集曰則法也 註孔氏 蕩蕩廣遠之稱 註包氏 成
功事業也煥者光明之象文章禮樂法度
也道之高且大者莫如天堯之爲君獨能
則之故其道之廣遠亦如天之不可以形
容盡也然民雖無得而名而其所可見者
則有巍巍然之功業煥然之文章爾功業文
章即是道之發見者也 本朱氏晦庵說
舜有臣五人而天下治武王曰予有亂臣十人
孔子曰才難不其然乎唐虞之際於斯爲盛有

《论语·泰伯》书影（“大哉尧之为君也”）

中国古代大部分朝代的领导人是世袭的，改朝换代之际多发生暴力革命，但在五帝时代，领导人却由选举产生。“选贤与能”的传统不止让孔子及儒家思想家所津津乐道，在言论及著述中屡屡提及，其余先秦诸子也多有赞同，如《墨子》、《吕氏春秋》中也述及这是最优良的制度。汉以后改朝换代时举行的禅让仪式，虽然是对暴力的粉饰，却也体现出人们对选举制的尊崇。汉代的察举制，魏晋时期的九品中正制，都有民选的影子。

唐尧、虞舜、夏禹时期，是中国古代社会从“天下为公”向“天下为家”转化的关键节点。唐尧、虞舜为了防止自己的儿子篡夺权利，破坏天下为公的政治文化，很早就把自己的儿子排除在继承人之外，《尚书·尧典》、《史记·五帝本纪》都记载了唐尧选择接班人的过程，唐尧否决了推举自己儿子丹朱的动议，众人一致推举鲧，唐尧也只好试用鲧。后来四岳推举舜，唐尧避位二十八年，以培养舜。舜即位后，以其子商均不贤，举禹为继承人。夏禹先用皋陶为继承人，皋陶早死，禹又举益为继承人。禹在选择益为接班人

之后，没有限制住其子启的野心，禹死以后，夏后启篡权。夏后启废弃了天下为公的体制，开启了世袭制度，可以说是破坏中国古代民主政治的罪人。《史记》载夏后启篡权后，“有扈氏不服，启伐之，大战于甘”，说明夏后启的篡权活动并没有得到各部族一致拥护。

《论语·雍也》载：“子贡曰：‘如有博施于民而能济众，何如？可谓仁乎？’子曰：‘何事于仁，必也圣乎！尧、舜其犹病诸！夫仁者，己欲立而立人，己欲达而达人。能近取譬，可谓仁之方也已。’”《论语·

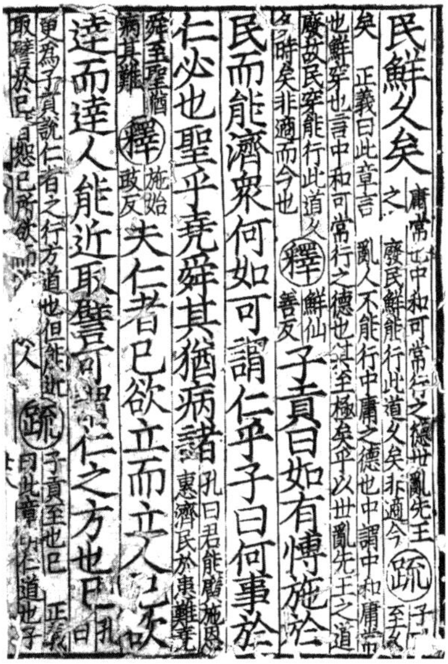
民鮮久矣
子貢曰如有博施於民而能濟衆何如可謂仁乎子曰何事於仁必也聖乎堯舜其猶病諸夫仁者己欲立而立人己欲達而達人能近取譬可謂仁之方也已

《论语·雍也》书影
（“如有博施于民而能济众”）

宪问》载："子路问君子。子曰：'修己以敬。'曰：'如斯而已乎？'曰：'修己以安人。'曰：'如斯而已乎？'曰：'修己以安百姓。修己以安百姓，尧、舜其犹病诸。'"这几段话要表达的意思，实际就是说唐尧、虞舜全心全意解决民有、民享的问题。

《战国策·燕策一》有"帝者与师处，王者与友处，霸者与臣处，亡国与役处"四句令人深思，五帝时期领导人把自己看作学生，把人民看作老师，自处于卑谦之位，其实与我们今天所说的"公仆"与"主人"的关系相类。

夏代以后，虽然实行世袭制度，但是，普遍的观念并不认为天下是某一个人或者某一些人的，而是全体人民的。而我们今天所见的"民主"一词，也在这个时期的文献中出现了。《尚书》中《商书·咸有一德》和《周书·多方》都有"民主"一词，伊尹所作《咸有一德》说："无自广以狭人，匹夫匹妇不获自尽，民主罔与成厥功。"是说领导者狭隘自私，群众不能心情舒畅，民主难有成功。《多方》说："天惟时求民主，乃大降显休

命于成汤。”即天因夏桀无道，更求民主，于是把这个光荣的使命交给了成汤。又说：“乃惟成汤，克以尔多方，简代夏作民主。”即成汤能率领四方之贤，所以选择代夏做民主。又说：“天惟五年，须暇之子孙，诞作民主，罔可念听。”即天因商汤的缘故，五年等待汤之子孙改悔，而纣枉为民主，肆行无道，事无可念，言无可听。这里的“民主”，所指皆为君主。而君主被称为“民主”，不是因为君主是人民之主人，而是以民为主的有道之人，无道的人必将受天惩罚，被剥夺做“民主”的资格。《商书·汤誓》中商汤说“有夏多罪，天命殛之”，“夏德若兹，今朕必往”，于是举兵

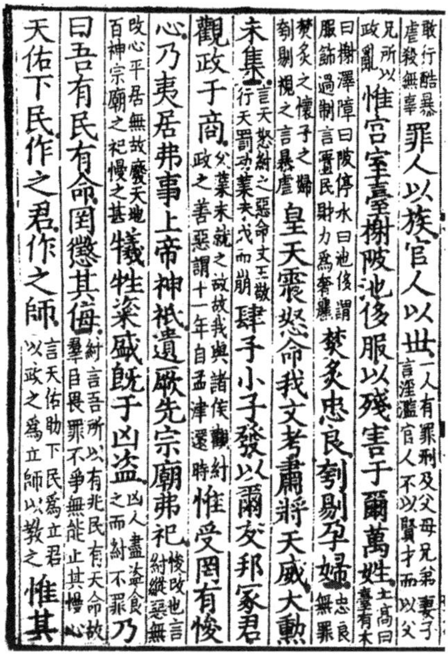
敢行酷暴虐殺無辜罪人以族官人以世一人有罪刑及父母兄弟妻子言淫濫官人不以賢才而以父兄所以政亂惟宮室臺榭陂池侈服以殘害于爾萬姓土高曰臺有木曰榭澤障曰陂停水曰池侈謂服飾過制言匱民財力為奢麗焚炙忠良刳剔孕婦忠良無罪焚炙之懷子之婦刳剔視之言暴虐皇天震怒命我文考肅將天威大勳未集言天怒紂之惡命文王敬行天罰功業未成而崩肆予小子發以爾友邦冢君觀政于商以業未就之故故我與諸侯觀紂政之善惡謂十一年自孟津還時惟受罔有悛心乃夷居弗事上帝神祇遺厥先宗廟弗祀悛改也言紂縱惡無改心平居無故廢天地百神宗廟之祀慢之甚犧牲粢盛既于凶盜凶人盡盜食之而紂不罪乃曰吾有民有命罔懲其侮紂言吾所以有兆民有天命故羣臣畏罪不爭無能止其慢心天佑下民作之君作之師言天佑助下民為立君以政之為立師以教之惟其

《尚书·泰誓》书影（“皇天震怒”）

放桀。《周书·泰誓》中周武王说“今商王受，弗敬上天，降灾下民。沈湎冒色，敢行暴虐”，“以残害于尔万姓”，“皇天震怒，命我文考，肃将天威”，又说“天视自我民视，天听自我民听”。天以人民的意志为意志，以人民的欢乐为欢乐，只有一心一意为人民服务，才能获得天的支持，反之，则必定受到天的惩罚。《左传·文公十七年》载：“齐君之语偷。臧文仲有言曰：‘民主偷必死。’”《左传·襄公三十一年》载，穆叔对孟孝伯说：

“赵孟将死矣。其语偷，不似民主。”偷即侥幸，不守善道。领导人不守善道，不能做民主，将会有死亡之灾。

《左传·宣公二年》载，晋灵公征重税，修华屋，打人杀人，一副恶霸无赖纨绔相，大臣赵盾多次批评他，晋灵公心生怨恨，遂派鉏麑刺杀赵盾，鉏麑凌晨去杀赵盾，见赵盾盛服将朝，尚早，坐而假寐。鉏麑感叹说：“不忘恭敬，民之主也。贼民之主，不忠；弃君之命，不信。有一于此，不如死也。”遂触槐而死。襄公二十二年，郑穆公之孙公孙虿之子游贩路遇娶妻者，遂

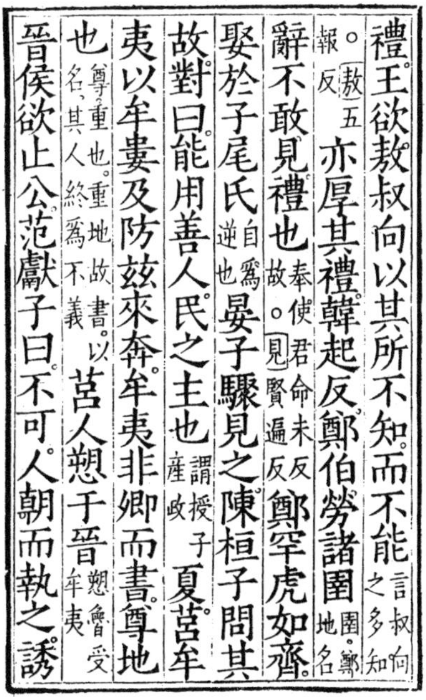
禮。王欲敖叔向以其所不知。而不能言叔向之多知。[敖]五報反亦厚其禮。韓起反。鄭伯勞諸圉圉。鄭地名辭不敢見禮也奉使君命未反故。[見]賢遍反鄭罕虎如齊。娶於子尾氏自爲逆也晏子驟見之。陳桓子問其故。對曰。能用善人。民之主也謂授子產政夏。莒牟夷以牟婁及防茲來奔。牟夷非卿而書。尊地也尊重也。重地故書。以名。其人終爲不義莒人愬于晉愬魯受牟夷晉侯欲止公。范獻子曰。不可。人朝而執之。誘

《左传·昭公五年》书影（“能用善人”）

劫人之妻,后其夫攻杀游贩,偕其妻逃亡。公孙舍之也是郑穆公之孙,为郑国正卿,遂废游贩之子而立公孙虿之子游吉,说:“国卿,君之贰也,民之主也,不可以苟。请舍子明之类。”子明即游贩。公孙舍之之后召回杀游贩者,命游氏不得寻仇。昭公五年,晏子说:“能用善人,民之主也。”这里出现的“民之主也”,阐释的正是“民主”的概念。只有能为民做主,以民为主,为民请命,全心全意为人民服务的人,才可以成为民之主。

中国古代的民主政治文化,很大程度上根植于“民为贵”的认识中。亚圣孟子说:“民为贵,社稷次之,君为轻。”《孟子·尽心下》在人民、国家和君主三者之间,人民是第一位的,国家是第二位的,君主是最后一位的。孟子的这一论述体现了孔子的思想,恰也和马克思与恩格斯的观点一致。

得人心而为人民拥护者为天子,体现了多数人决定的民选原则。《孟子·公孙丑上》中主张领导人要使天下之士、商、旅、农“皆悦”,《孟子·梁惠王下》中主张君主要“与百姓同之”,“与民同乐”,“乐民之乐,忧民之忧;乐以天下,忧以天下”。《孟子·离娄上》中说:“桀纣之失天下也,失其民也。失其民者,失其心也。得天下有道,得其民斯得天下矣。得其民有道,得其心斯得民矣。得其心有道,所欲与之聚之,所恶勿施尔也。”对君主的评价,应以民心的向背为根据,民心一旦背离,改朝换代是必然的。所以,《孟子·梁惠王下》中认为汤放桀、武王伐纣不是“以臣弑君”,而是诛一独夫。《孟子·滕文公下》中则把杀掉暴君看作是“为匹夫匹妇复仇”,“救民于水火之中”的正义之举。

民主需要保护言论自由,需要保证人民的批评权利。《国语·周语上》记载周厉王暴虐,受到国人的强烈谴责,周厉王派暗探搜罗批评者,发现有诽谤者即杀,国人不敢言,周厉王因此沾沾自喜,甚为得意,召公警告说:“防民之口,甚于防川。”厉王不听,三年后被国人流放。《左传·襄公三十一年》载,郑人游于乡校,以论执政。有人建议郑国执政者子产毁乡校,子产说:“夫人朝夕退而游焉,以议执政之善否。其所善者,吾则行之。其所恶者,吾则改之。是吾师也,若之何毁之？我闻忠善以损怨，不闻作威以防怨。”

民主是多数人做决定，但也需要保护少数人的自由。《论语·颜渊》载季康子问政于孔子说：“如杀无道，以就有道，何如？”孔子回答说：“子为政，焉用杀？子欲善而民善矣。君子之德风，小人之德草，草上之风，必偃。”领导者既然是为民众服务，就不仅仅要善待贤人，也要积极引导恶人向善。

近代西方政治文明发展中，民主是其重要成果，而中国人远在唐尧、虞舜时期，就已经有民主的成功实践，可惜的是，随着小康取代大同，中国古代政治文化与民主传统渐行渐远。唐尧、虞舜的天下为公，被夏、商、周三代以地方自治为特征的封建制度取代。到了战国秦汉时期，封建制度又被中央集权的专制体制取代。明代以后，中央集权的专制体制演变为皇帝个人专制，清朝则堕落为皇帝专制与种族分离结合，其黑暗程度更是无以复加。

辛亥革命的代表人物孙中山的理论支撑是三民主义，即民族主义、民权主义、民生主义。民权主义的核心是尊重人权，建立民主主义立宪共和体制。孙中山说他的三民主义原则既来源于中国传统，又与林肯的“民有、民治、民享”相通。“五四运动”的口号就是“科学”与“民主”。毛泽东多次说中国共产党是孙中山三民主义的忠实继承者，1945 年毛泽东在接受美国记者采访时更清楚地指出，自由民主的中国实行普选，并将实现三民主义，以及林肯的民有、民治、民享原则与罗斯福的保障公民言论自由、信仰自由、免于匮乏的自由、免于恐惧的自由的四大自由，它将保证国家的独立、团结、统一及与各民主强国的合作。

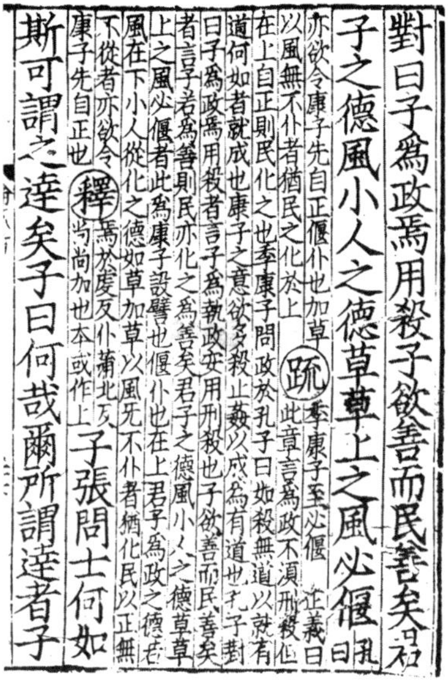
對曰子爲政焉用殺子欲善而民善矣君
子之德風小人之德草草上之風必偃孔曰
亦欲令康子先自正偃仆也加草
以風無不仆者猶民之化於上疏季康子至必偃　正義曰
此章言爲政不須刑殺但
在上自正則民化之也季康子問政於孔子曰如殺無道以就有
道何如者就成也康子之意欲多殺止姦以成爲有道也孔子對
曰子爲政焉用殺者言子爲執政安用刑殺也子欲善而民善矣
者言子若爲善則民亦化之爲善矣君子之德風小人之德草草
上之風必偃者此爲康子設譬也偃仆也在上君子爲政之德若
風在下小人從化之德如草加草以風无不仆者猶化民以正無
不從者亦欲令康子先自正也釋焉於虔反仆蒲北反尚加也本或作上子張問士何如
斯可謂之達矣子曰何哉爾所謂達者子

《论语·颜渊》书影（“君子之德风”）

孙中山在大元帅府

近代学者多能从孔子及中国传统文献中寻找到“民主”的契合处，但当代很多人却认为中国古代政治文化中缺少民主传统，明显缺乏对中国传统政治文化演变轨迹的基本了解，毫无疑问是错误的。否定中国有民主政治文化的观点是与20世纪中期以后中国学者受西方中心论的影响而产生的民族虚无主义历史观相关的，若任由其传播，无疑是在误国误民。

首尊聖統

文 明

文明是人类超越野蛮阶段表现出的生存状态。文明体现了人与人、人与社会、人与自然之间的善意关系。文明也是人类所创造的财富的总和，这个财富当然包括物质财物，但更重要的是指精神财富，如文学、艺术、教育、科学、政治、道德等。

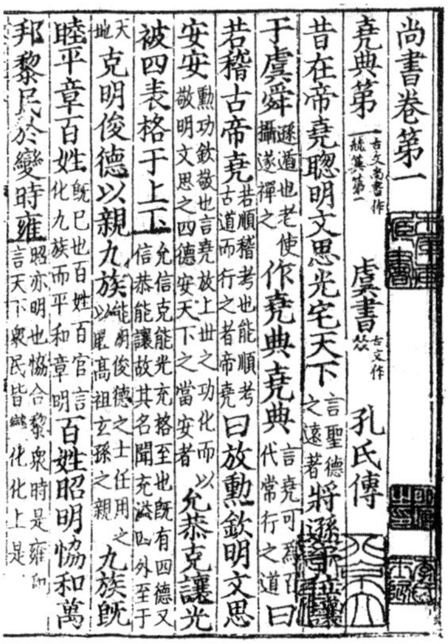
尚書卷第一
堯典第一 虞書 孔氏傳
昔在帝堯聰明文思光宅天下 言聖德之遠著 將遜于位讓
于虞舜 遜遁也老使攝遂禪之 作堯典 堯典 言堯可爲百代常行之道 曰
若稽古帝堯 若順稽考也能順考古道而行之者帝堯 曰放勳欽明文思
安安 勳功欽敬也言堯放上世之功化而以敬明文思之四德安天下之當安者 允恭克讓光
被四表格于上下 允信克能光充格至也既有四德又信恭能讓故其名聞充溢四外至于天地
克明俊德以親九族 能明俊德之士任用之以睦高祖玄孫之親 九族既
睦平章百姓 既已也百姓百官言化九族而平和章明 百姓昭明協和萬
邦黎民於變時雍 昭亦明也協合黎衆時是雍和言天下衆民皆變化化上是

《尚书·尧典》书影

《尚书·尧典》说：“帝舜曰重

华，协于帝。濬哲文明，温恭允塞，玄德升闻，乃命以位。慎徽五典，五典克从；纳于百揆，百揆时叙；宾于四门，四门穆穆；纳于大麓，烈风雷雨弗迷。”孔颖达《尚书正义》说：“经纬天地曰文，照临四方曰明。”舜深哲文明，温和恭敬且诚实，美德传布天下，因此唐尧从草莽中拔擢舜担任领导职务。舜担任领导以后，民遵无常，父义、母慈、兄友、弟恭、子孝，百官称职，四方和睦，风调雨顺，阴阳和谐。舜之“文明”，就表现在他对天地万物及人性透彻把握的知识体系，以及引导社会向善的推动能力。朱熹《朱子语类・大学一》在解释《礼记・大学》开篇的“大学之道，在明明德，在亲民，在止于至善”时说：“‘明明德’是知，‘止于至善’是守。夫子曰：‘知及之，仁能守之。’圣贤未尝不为两头底说话。如《中庸》所谓‘择善固执’，择善，便是理会知之事；固执，便是理会守之事。至《书》论尧之德，便说‘钦明’，舜便说‘濬哲文明，温恭允塞’。钦，是钦敬以自守；明，是其德之聪明。‘濬哲文明’，便有知底道理；‘温恭允塞’，便有守底道理。”由此可知，文明就是

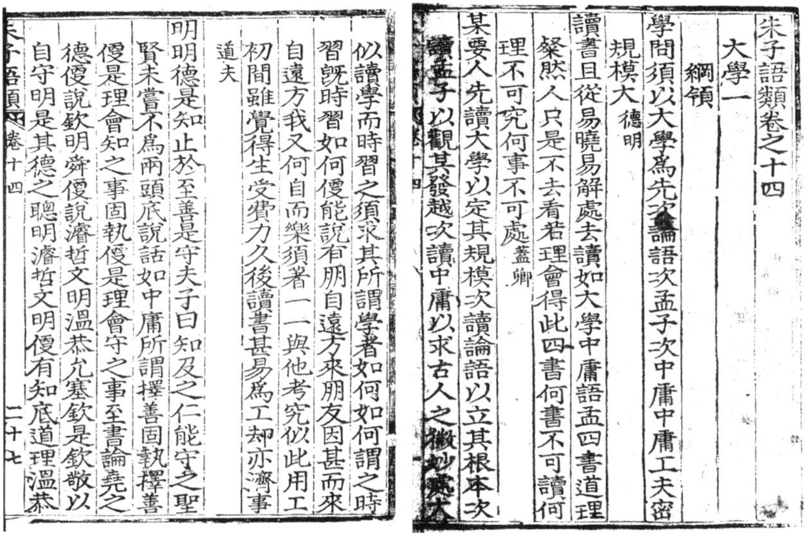
朱子語類卷之十四

大學一

綱領

學問須以大學爲先次論語次孟子次中庸中庸工夫密
規模大德明

讀書且從易曉易解處去讀如大學中庸語孟四書道理
粲然人只是不去看若理會得此四書何書不可讀何
理不可究何事不可處蓋卿

某要人先讀大學以定其規模次讀論語以立其根本次
讀孟子以觀其發越次讀中庸以求古人之微妙處大

以讀學而時習之須求其所謂學者如何如何謂之時
習既時習如何便能說有朋自遠方來朋友因甚而來
自遠方我又何自而樂須著一一與他考究似此用工
初間雖覺得生受費力久後讀書甚易爲工却亦濟事
道夫

明明德是知止於至善是守夫子曰知及之仁能守之聖
賢未嘗不爲兩頭底說話如中庸所謂擇善固執擇善
便是理會知之事固執便是理會守之事至書論堯之
德便說欽明舜便說濬哲文明溫恭允塞欽是欽敬以
自守明是其德之聰明濬哲文明便有知底道理溫恭

朱子語類卷十四　二十七

《朱子语类》书影（“明明德是知”）

追求善道，坚而守之。《论语·泰伯》载孔子说：“笃信好学，守死善道。”死守善道，正是人类超越动物性的根本特征，也是文明和野蛮的分水岭。

《周易·乾卦》九二爻辞说：“见龙在田，利见大人。”《乾文言》说：“见龙在田，天下文明。”《乾卦》初九爻辞说“潜龙勿用”，君子生不逢时，只能隐居于深池。当天下文明的时候，君子就可以现身了。这说明，文明之世是选贤举能、人尽其才的时代。孔颖达《周易正义》说:“天下文明者,阳气在田,始生万物,故天下有文章而光明也。”文明之世应该营造的是君子道长、小人道消的人文环境。《乾文言》说:“九二曰‘见龙在田,利见大人’,何谓也?子曰:‘龙德而正中者也。庸言之信,庸行之谨,闲邪存其诚,善世而不伐,德博而化。《易》曰:见龙在田,利见大人。君德也。’”这说明

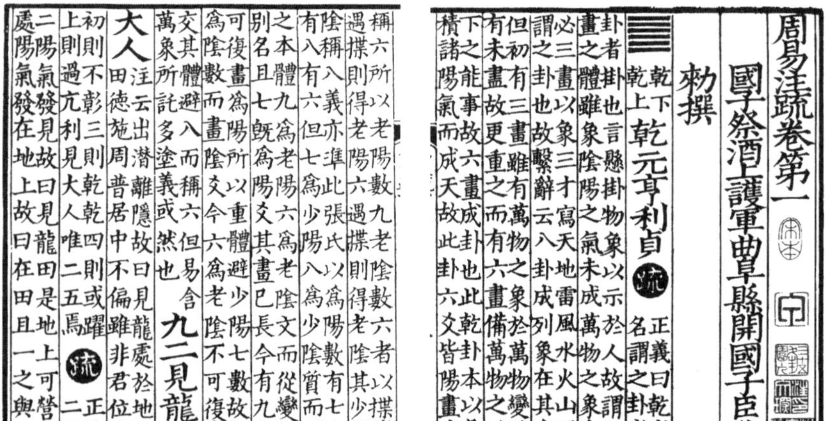
周易注疏卷第一

國子祭酒上護軍曲阜縣開國子臣孔穎達奉

勑撰

乾下乾上 乾元亨利貞 疏 正義曰乾者此卦之名謂之卦者易緯云卦者掛也言懸掛物象以示於人故謂之卦但二畫之體雖象陰陽之氣未成萬物之象未得成卦必三畫以象三才寫天地雷風水火山澤之象乃謂之卦也故繫辭云八卦成列象在其中矣是也但初有三畫雖有萬物之象於萬物變通之理猶有未盡故更重之而有六畫備萬物之形象窮天下之能事故六畫成卦也此乾卦本以象天天乃積諸陽氣而成天故此卦六爻皆陽畫成卦也此

稱六所以老陽數九老陰數六者以揲蓍之數九遇揲則得老陽六遇揲則得老陰其少陽稱七少陰稱八義亦準此張氏以爲陽數有七有九陰數有八有六但七爲少陽八爲少陰質而不變爲爻之本體九爲老陽六爲老陰文而從變故爲爻之別名且七既爲陽爻其畫已長今有九之老陽不可復畫爲陽所以重體避少陽七數故稱九也八爲陰數而畫陰爻今六爲老陰不可復畫陰爻故交其體避八而稱六但易含萬象所託多塗義或然也 九二見龍在田利見大人 注云出潛離隱故曰見龍處於地上故曰在田德施周普居中不偏雖非君位君之德也初則不彰三則乾乾四則或躍上則過亢利見大人唯二五焉 疏 正義曰陽處二位故曰九二陽氣發見故曰見龍田是地上可營爲有益之處陽氣發在地上故曰在田且一之與二俱爲地

《周易注疏·乾》书影(“九二见龙在田”)

领导人对文明担负有更大的责任和义务。鲍照《河清颂》说："泰阶既平，洪水既清，大人在上，区宇文明。"此处所谓"大人"，即指圣人，只有圣人在位，世间才有文明。

鲍照像

西汉焦延寿《易林》中有"文明之世，销锋铸镝"之言，说的是文明之世是和平之世，是没有战争、消弭暴力的时代。五代画僧贯休《寄怀楚和尚诗》有"何得文明代，不为王者师"的句子，是说文明之世政治昌明，人人各得其所，有德行的人不需为帝王谋划去救世，可以逍遥自由，从其所适。梁启超《变法通议·排外平议》说："文明之世，以道理为势力；野蛮之世，以势力为道理。"林纾《鬼山狼侠传原序》说："叱咤之间，伏尸十万，厥状亦云烈矣，乃以野蛮故，不能发现于文明之世界。以文明人固无此蛮想。”鲁迅《准风月谈·抄靶子》说：“中国究竟是文明最古的地方，也是素重人道的国度。”这些论述，都表明文明一定程度上是理性和人道的体现，是应该和暴力、暴掠、杀戮相隔绝的。

梁启超像

鲁迅像

《周易·明夷卦》(䷣)的卦象为下离上坤，离为火，坤为地，明入地中，卦辞为“利艰贞”，是说君子处艰难之世，《彖传》解释说：“明入地中，明夷。内文明而外柔顺，以蒙大难，文王以之。利艰贞，晦其明也，内难而能正其志，箕子以之。”这是说商纣王时期，周文王和箕子都能在灾难面前持守善道，无论是柔顺还是晦明，都表现出对文明的坚守。

《论语·泰伯》说周文王“三分天下有其二，以服事殷。周之德，其可谓至德也已矣”。周文王不因自己的势力强大，而罔顾生灵，挑起对殷商的战争。《史记·周本纪》载商纣王因西伯积善累德，担心西伯篡权，囚西伯于羑里，闳夭等求得有莘氏美女及奇珍玩好，纣王大悦，遂赦西伯，赐之弓矢斧钺，使西伯得征伐。西伯献洛西之地，以请纣去炮烙之刑。西伯行善，诸侯有矛盾都找西伯裁决，而周人耕者皆让畔，民俗皆让长，不相争。

《史记·殷本纪》载纣王淫乱不止，微子数谏不听，遂去。比干强谏，纣以圣人有七心，剖比干，观其心。箕子惧，乃佯狂为奴，纣又囚之。《论语·微子》说：“微子去之，箕子为之奴，比干谏而死，殷有三仁焉。”《史记·宋微子世家》载，武王灭商，封箕子于朝鲜。《汉书·地理志下》载：“玄菟、乐浪，武帝时置，皆朝鲜、濊、句骊蛮夷。殷道衰，箕子去之朝鲜，教其民以礼义、田蚕织作。……是以其民终不相盗，无门户

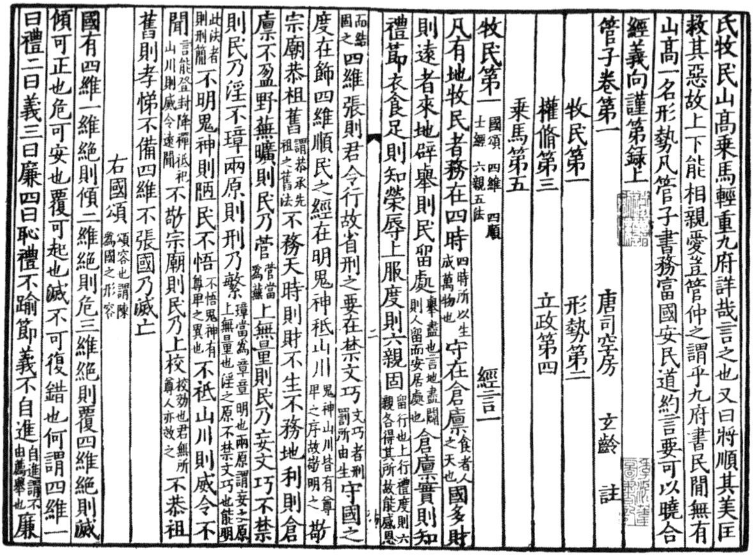
民牧民山高乘馬輕重九府詳哉言之也又曰將順其美匡
救其惡故上下能相親愛豈管仲之謂乎九府書民間無有
山高一名形勢凡管子書務富國安民道約言要可以曉合
經義向謹第錄上
管子卷第一　唐司空房　玄齡　註
牧民第一　形勢第二
權脩第三　立政第四
乘馬第五
牧民第一　國頌　四維　四順　士經　六親五法　經言一
凡有地牧民者務在四時四時所以生成萬物也守在倉廩食者人之天也國多財
則遠者來地辟舉則民留處舉盡也言地盡闢則人留而安居處也倉廩實則知
禮節衣食足則知榮辱上服度則六親固留行也上行禮度則六親各得其所故能感恩
二
而結固之四維張則君令行故省刑之要在禁文巧文巧者刑罰所由生守國之
度在飾四維順民之經在明鬼神祗山川鬼神山川皆有尊卑之序故敬明之敬
宗廟恭祖舊謂恭承先祖之舊法不務天時則財不生不務地利則倉
廩不盈野蕪曠則民乃營營當為蕪上無量則民乃妄文巧不禁
則民乃淫不璋兩原則刑乃繁璋當為章章明也兩原謂妄之原淫之原上無量也不禁文巧也能明
此決者則刑簡不明鬼神則陋民不悟不悟鬼神有尊卑之異也不祗山川則威令不
聞言能登封降禪祗祀山川則威令遠聞不敬宗廟則民乃上校校効也君無所尊人亦效之不恭祖
舊則孝悌不備四維不張國乃滅亡
右國頌頌容也謂陳為國之形容
國有四維一維絕則傾二維絕則危三維絕則覆四維絕則滅
傾可正也危可安也覆可起也滅不可復錯也何謂四維一
曰禮二曰義三曰廉四曰恥禮不踰節義不自進自進謂不由薦舉也廉

《管子·牧民》书影（“国有四维”）

之闭，妇人贞信不淫辟。”箕子治理朝鲜，给朝鲜人民带去了精神文明和物质文明，这也是华夏文明对外传播的生动事例。《管子·牧民》说：“国有四维……何谓四维？一曰礼，二曰义，三曰廉，四曰耻。礼不逾节，义不自进，廉不蔽恶，耻不从枉。故不逾节则上位安，不自进则民无巧诈，不蔽恶则行自全，不从枉则邪事不生。”箕子文明，而商纣王不知礼义廉耻，反文明，其亡国殒身，也是意料之中的事情了。

人类文明在形式上虽有差异，但其核心内容却具有共性。中国是文明古国，中华文明也被认为是人类历史上从没有断绝过的文明。中华文明发展过程中逐渐孕育出的普世价值，表现出了符合人类发展方向的超越性，因此能以其强大的生命力，影响到亚洲和世界。中华民族的主体汉族人创建的政权常被颠覆，汉族人也常常遭受民族压迫之苦，但以汉族人为主体所创造的中华文明，却顽强地存活下来，并成为中华民族反抗异邦侵略、自强不息的精神动力。

在中华文明史上，孔子无疑是最重要的一位先知，

《孟子·公孙丑上》说:“自有生民以来,未有孔子也。”又说:“出于其类,拔乎其萃,自生民以来,未有盛于孔子也。”《史记·孔子世家》载太史公说:“《诗》有之:‘高山仰止,景行行止。’虽不能至,然心乡往之。……天下君王至于贤人众矣,当时则荣,没则已焉。孔子布衣,传十余世,学者宗之。自天子王侯,中国言六艺者折中于夫子,可谓至圣矣!”孔子之所以有如此崇高的地位,就在于他是中华文明的集大成者。《孟子·万章下》说:“伯夷,圣之清者也;伊尹,圣之任者也;柳下惠,圣之和者也;孔子,圣之时者也。孔子之谓集大成。”孔子抉剔糟粕,发挥菁华,集中华文明之大成,同时,又指明了中华文明前进的路径。《礼记·中庸》说:“唯天下至圣为能:聪明睿知,足以有临也;宽裕温柔,足以有容也;发强刚毅,足以有执也;齐庄中正,足以有敬也;文理密察,足以有别也。溥博渊泉,而时出之。溥博如天,渊泉如渊。见而民莫不敬,言而民莫不信,行而民莫不说。是以声名洋溢乎中国,施及蛮貊。舟车所至,人力所通,天之所覆,地之所载,日月

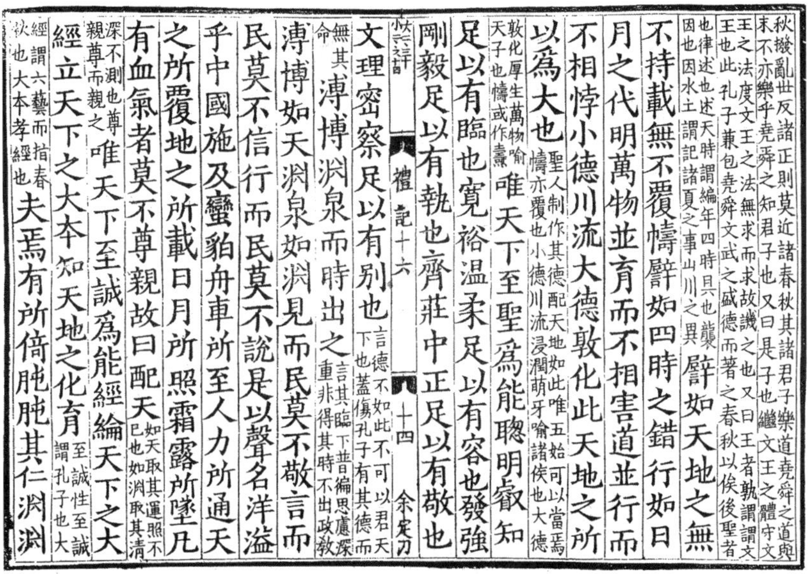
秋撥亂世反諸正則莫近諸春秋其諸君子樂道堯舜之道與末不亦樂乎堯舜之知君子也又曰是子也繼文王之體守文
王之法度文王之法無求而求故譏之也又曰王者孰謂謂文王也此孔子兼包堯舜文武之盛德而著之春秋以俟後聖者
也律述也述天時謂編年四時具也襲因也因水土謂記諸夏之事山川之異辟如天地之無
不持載無不覆幬辟如四時之錯行如日
月之代明萬物並育而不相害道並行而
不相悖小德川流大德敦化此天地之所
以爲大也聖人制作其德配天地如此唯五始可以當焉幬亦覆也小德川流浸潤萌牙喻諸侯也大德
敦化厚生萬物喻天子也幬或作燾唯天下至聖爲能聰明睿知
足以有臨也寬裕溫柔足以有容也發強
剛毅足以有執也齊莊中正足以有敬也
禮記十六　十四　余定刀
文理密察足以有別也言德不如此不可以君天下也蓋傷孔子有其德而
無其命溥博淵泉而時出之言其臨下普徧思慮深重非得其時不出政教
溥博如天淵泉如淵見而民莫不敬言而
民莫不信行而民莫不說是以聲名洋溢
乎中國施及蠻貊舟車所至人力所通天
之所覆地之所載日月所照霜露所墜凡
有血氣者莫不尊親故曰配天如天取其運照不已也如淵取其清
深不測也尊親尊而親之唯天下至誠爲能經綸天下之大
經立天下之大本知天地之化育至誠性至誠謂孔子也大
經謂六藝而指春秋也大本孝經也夫焉有所倚肫肫其仁淵淵

《礼记·中庸》书影（“唯天下至圣为能”）

所照，霜露所队，凡有血气者，莫不尊亲，故曰配天。”孔子强调仁爱、善良、和平、公平、正义的价值追求，为中华文明的发展奠定了基础，更成为中国人向往的人格典范。《礼记·文王世子》说：“凡始立学者，必释奠于先圣先师。”封建专制帝王尊奉孔子为“大成至圣先师”，无论是否出于真心，却都在客观上承认了孔子作为中华文明象征的事实。

中国古代社会常以“有道”指文明。《南史·隐逸传》载陶渊明“亲老家贫，起为州祭酒，不堪吏职，少日自解而归。州召主簿，不就。躬耕自资，遂抱羸疾。江州刺史檀道济往候之，偃卧瘠馁有日矣，道济谓曰：‘夫贤者处世，天下无道则隐，有道则至。今子生文明

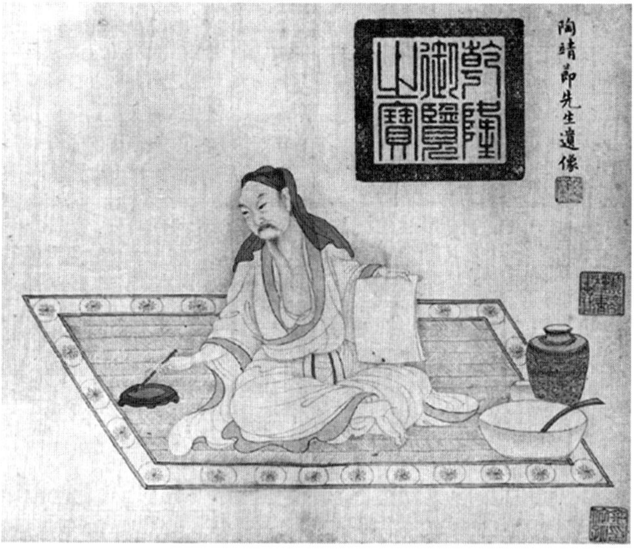

陶渊明像

之世,奈何自苦如此?'对曰:'潜也何敢望贤?志不及也。'道济馈以粱肉,麾而去之"。家贫亲老,不为禄仕,本为不孝之一,而陶渊明以自己不贤为借口,实际表达了晋非文明之世的认识。檀道济作为既得利益者,与陶渊明对晋的评价不同,但檀道济也承认文明之世就是有道的社会。孔子认为,大同正是"大道"的表现。《礼记·礼运》载:"孔子曰:'大道之行也,与三代之英,丘未之逮焉,而有志焉。大道之行也,天下为公。选贤与能,讲信修睦。故人不独亲其亲,不独子其子,使老有所终,壮有所用,幼有所长,矜、寡、孤、独、废、疾者有所养,男有分,女有归。货恶其弃于地也,不必藏于己;力恶其不出于身也,不必为己。是故谋闭而不兴,盗窃乱贼而不作,故外户而不闭,是谓大同。"郭店楚简《唐虞之道》说:"唐、虞之道,禅而不传。尧、舜之王,利天下而弗利也。禅而不传,圣之盛也。利天下而弗利也,仁之至也。故昔贤仁圣者如此。身穷不贪,没而弗利,穷仁矣。必正其身,然后正世,圣道备矣。故唐虞之道,禅也。"天下为公,选贤举能,讲

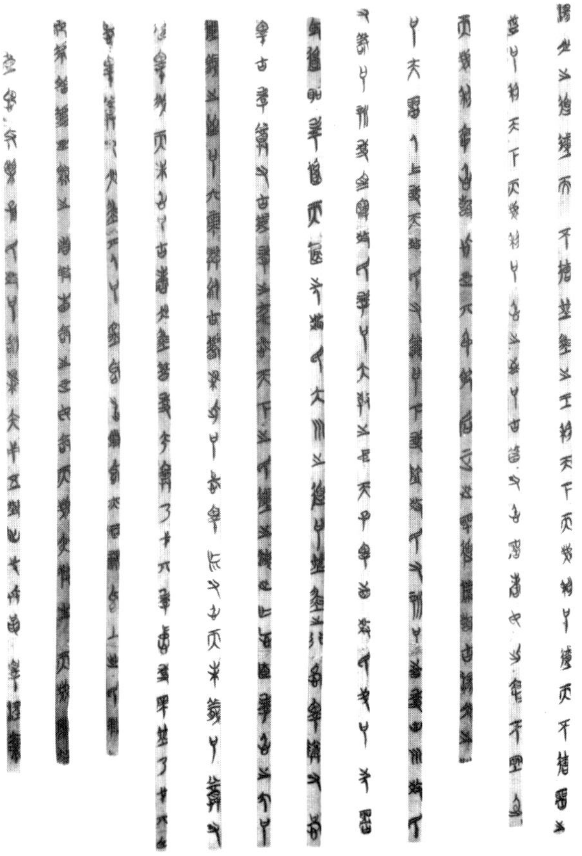

郭店楚简《唐虞之道》(节选)

信修睦，人人相亲，老有所终，壮有所用，幼有所长，矜、寡、孤、独、废、疾者有所养，领导人不谋私利，无盗窃乱贼，世界大同，这是中华文明的最高期许，也是中国古代人的中国梦。相传为唐人李淳风、袁天罡所著《推背图》，也是以“无城无府，无尔无我，天下一家，治臻大化”作为中国社会发展的终极阶段。

人类历史是文明的历史，这就意味着人类处在不断地追求文明的过程中，我们没有办法确定文明的起点，我们也没有办法确定文明的终点，文明永远没有止境。《管子·牧民》说：“仓廪实则知礼节，衣食足则知荣辱。”没有物质文明，也就难有精神文明。《荀子·富国》说：“故田野荒而仓廪实，百姓虚而府库满，夫是之谓国蹶。”国家富裕，而人民贫弱，国家虽有物质财富，不能谓之文明。顺乎民心，服务于民，是政治文明的基本要素，也是建立文明社会的关键点所在。《尚书·大禹谟》说：“於！帝念哉！德惟善政，政在养民。”《论语·为政》说：“为政以德，譬如北辰，居其所而众星共之。”《管子·牧民》说：“政之所兴，在顺民心;政之所废,在逆民心。民恶忧劳,我佚乐之;民恶贫贱,我富贵之;民恶危坠,我存安之;民恶灭绝,我生育之。……故刑罚不足以畏其意,杀戮不足以服其心。”不与人民为敌,全心全意为人民服务,是文明社会永远不能背离的规则。

導民咸和

和 谐

《礼记·乐记》说："天地之命，中和之纪，人情之所不能免也。"《礼记·中庸》说："喜怒哀乐之未发，谓

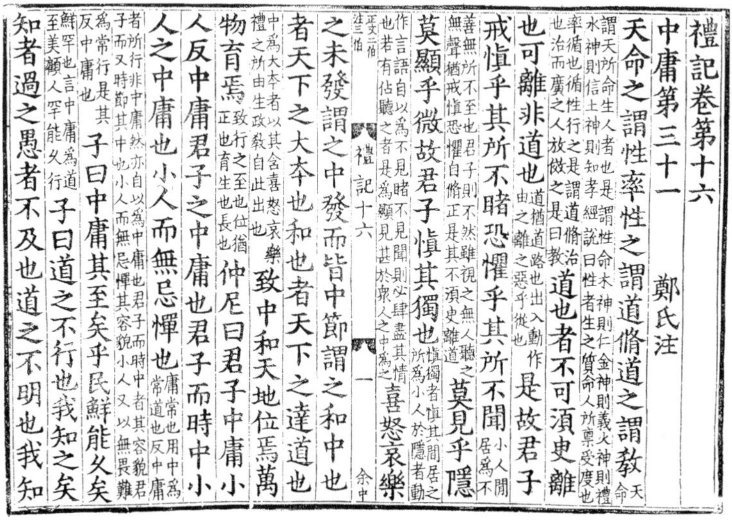

禮記卷第十六

中庸第三十一　鄭氏注

天命之謂性率性之謂道脩道之謂教（天命謂天所命生人者也是謂性命木神則仁金神則義火神則禮水神則信土神則知孝經說曰性者生之質命人所稟受度也率循也循性行之是謂道脩治也治而廣之人放傚之是曰教）道也者不可須臾離也可離非道也（道猶道路也出入動作由之離之惡乎從也）是故君子戒慎乎其所不睹恐懼乎其所不聞（小人閒居爲不善無所不至也君子則不然雖視之無人聽之無聲猶戒慎恐懼自脩正是其不須臾離道）莫見乎隱莫顯乎微故君子慎其獨也（慎獨者慎其閒居之所爲小人於隱者動作言語自以爲不見睹不見聞則必肆盡其情也若有佔聽之者是爲顯見甚於衆人之中爲之）喜怒哀樂之未發謂之中發而皆中節謂之和中也者天下之大本也和也者天下之達道也致中和天地位焉萬物育焉（中爲大本者以其含喜怒哀樂禮之所由生政教自此出也位猶正也育生也長也致行之至也）仲尼曰君子中庸小人反中庸君子之中庸也君子而時中小人之中庸也小人而無忌憚也（庸常也用中爲常道也反中庸者所行非中庸然亦自以爲中庸也君子而時中者其容貌君子而又時節其中也小人而無忌憚其容貌小人又以無畏難爲常行是其反中庸也）子曰中庸其至矣乎民鮮能久矣（鮮罕也言中庸爲道至美顧人罕能久行）子曰道之不行也我知之矣知者過之愚者不及也道之不明也我知

《礼记·中庸》书影（"喜怒哀乐之未发"）

之中；发而皆中节，谓之和；中也者，天下之大本也；和也者，天下之达道也。致中和，天地位焉，万物育焉。”在中国优秀传统文化的思想体系中，“和”一直是中华文明的重要核心价值，是评价一个社会文明程度的重要标尺。

《说文解字》曰：“咊，相譍也。”“劦，众之同和也。”“谐，洽也。”又《广雅·释诂》曰：“和，谐也。”“咊”即“和”；“譍”即“應”、“磨”，简化字则作“应”；“劦”简化字作“协”。“和”本意为应和、唱和，引申则有和顺、平和、和谐、协调、适合、适当、舒适、和睦、温和、调和等意。协、谐都有“和”的意思，和协、协和、和谐、谐和等与“和”合成的词，其核心意义均来自于“和”。

《尚书·舜典》曰：“律和声。”又曰：“神人以和。”“和声”就音乐的和谐而言；“神人以和”指通过诗乐培养胄子“直而温，宽而栗，刚而无虐，简而无傲”之美德，善待人民，从而得到天神的佑助，实现天与人的和谐相处。《尚书·尧典》赞扬帝尧“协和万邦”，是说帝尧能选贤举能，光明公正，讲信修睦，宽惠待人，不谋取私利，人民安定幸福，社会风俗和顺亲睦。《关雎》中的“君子”即君主，郑玄笺《诗经·关雎》首句“关关雎鸠，在河之洲”曰：“后妃说乐君子之德，无不和谐，又不淫其色，慎固幽深，若《关雎》之有别焉，然后可以风化天下。夫妇有别则父子亲，父子亲则君臣敬，君臣敬则朝廷正，朝廷正则王化成。”

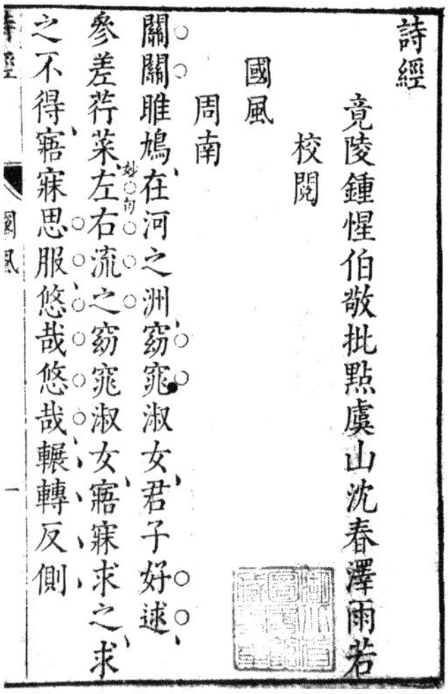
詩經
竟陵鍾惺伯敬批點虞山沈春澤雨若
校閱
國風
周南
關關雎鳩在河之洲窈窕淑女君子好逑
參差荇菜左右流之窈窕淑女寤寐求之求
之不得寤寐思服悠哉悠哉輾轉反側

《诗经·关雎》书影

《尚书》是孔子整理的一部上古帝王遗书，寄寓着作为中华文明先知的孔子建设理想社会的蓝图和路径。孔安国《尚书序》说孔子“芟夷烦乱，翦截浮辞，举其宏纲，撮其机要，足以垂世立教，典、谟、训、诰、誓、命之文凡百篇。所以恢弘至道，示人主以轨范也。帝王之制，坦然明白，可举而行，三千之徒并受其义”。孔子编纂《尚书》，其目的就在于垂世立教，恢弘至道，示人主以轨范。所以《尚书》说“和”最多。《尚书》选

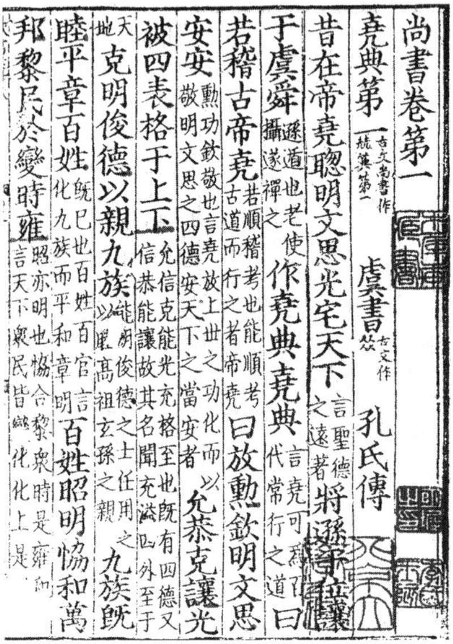
尚書卷第一
堯典第一 古文尚書作梳篡第一 虞書 古文作 孔氏傳
昔在帝堯聰明文思光宅天下 言聖德之遠著 將遜于位讓
于虞舜 遜遁也老使攝之遜禪之 作堯典 堯典 言堯可爲百代常行之道 曰
若稽古帝堯 若順稽考也能順考古道而行之者帝堯 曰放勳欽明文思
安安 勳功欽敬也言堯放上世之功化而以敬明文思之四德安天下之當安者 允恭克讓光
被四表格于上下 允信克能光充格至也既有四德又信恭能讓故其名聞充溢四外至于
天地 克明俊德以親九族 能明俊德之士任用之以睦高祖玄孫之親 九族既
睦平章百姓 既已也百姓百官言化九族而平和章明 百姓昭明協和萬
邦黎民於變時雍 昭亦明也協合黎衆時是雍和言天下衆民皆變化化上是

《尚书·尧典》书影

文起唐尧，迄秦穆公。唐尧是孔子所高度肯定的大同时代圣君的代表，《史记·孔子世家》载孔子赞扬秦穆公说：“秦，国虽小，其志大；处虽辟，行中正。身举五羖，爵之大夫，起累绁之中，与语三日，授之以政。以此取之，虽王可也，其霸小矣。”秦穆公是唯一一位体现王道精神的春秋时期的领袖。

“和”建立在德治的基础上。所谓德治，指的是领导人能以天下为己任，乐以天下，忧以天下，先天下之忧而忧，后天下之乐而乐，吃苦在前，享受在后。《尚书·大禹谟》中夏禹说:“德惟善政,政在养民。水、火、金、木、土、谷,惟修;正德、利用、厚生、惟和。”善政即德治,善政在于养民。养民就要修水、火、金、木、土、谷物质文明之六事。正身之德、利民之用、厚民之生的目的是追求社会和谐,此三事可以理解为政治文明。在现代语境下,“正德”指领导人需要先进的德治文化的指导;“利用”指领导人需要追求科学发展和先进生产力;“厚生”指领导人始终要以民为本,牢记为人民服务的宗旨。

“和”体现的是以人为本的政治立场。《尚书·皋陶谟》有“同寅协恭,和衷哉”一语,指以五礼正诸侯,使敬恭而和善。皋陶说人之九德为“宽而栗,柔而立,愿而恭,乱而敬,扰而毅,直而温,简而廉,刚而塞,强而义”,“柔而立”、“直而温”包含有柔和、温和之意。领导人应坚持培养九德,一心为民。所以,皋陶又说:“天聪明,自我民聪明。天明畏,自我民明威。”上天无心,以百姓之心为心;民之所欲,天必从之。孔颖达认为此即《尚书·泰誓》所说“天听自我民听,天视自我民视”之义,是“戒天子使顺民心,受天之福也”。

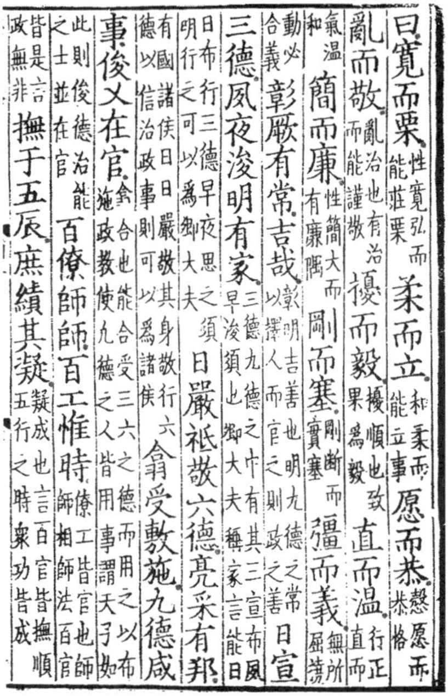
曰寬而栗性寬弘而能莊栗柔而立和柔而能立事愿而恭愨愿而恭恪
亂而敬亂治也有治而能謹敬擾而毅擾順也致果爲毅直而溫行正直而
氣溫和簡而廉性簡大而有廉隅剛而塞剛斷而實塞彊而義無所屈撓
動必合義彰厥有常吉哉彰明吉善也明九德之常以擇人而官之則政之善日宣
三德夙夜浚明有家三德九德之中有其三宣布夙早浚須也卿大夫稱家言能日
日布行三德早夜思之須明行之可以爲卿大夫日嚴祗敬六德亮采有邦
有國諸侯日日嚴敬其身敬行六德以信治政事則可以爲諸侯翕受敷施九德咸
事俊乂在官翕合也能合受三六之德而用之以布施政教使九德之人皆用事謂天子如
此則俊德治能之士並在官百僚師師百工惟時僚工皆官也師師相師法百官
皆是言政無非撫于五辰庶績其凝凝成也言百官皆撫順五行之時衆功皆成

《尚书·皋陶谟》书影（“宽而栗”）

夏后启之子太康好游猎，不恤民事，为羿所逐，《尚书·五子之歌》中有“民可近，不可下。民惟邦本，本固邦宁”，“关石和钧，王府则有。荒坠厥绪，覆宗绝祀”之句，意思是说，民可亲近，而不可卑贱轻下之。民是邦国之本，根本固则国家安宁。领导者应敬爱人民，体恤人民。太康没有遵守“和钧”古训，使自己凌驾于人民之上，最终自取灭亡。

《论语·季氏》载子贡说孔子“慎言”，“动之思和”，二者是一切圣贤之士所必须恪守的原则。盘庚是商朝的重兴之君，将迁都于亳，但是公卿百官不愿意搬迁，《尚书・盘庚上》载盘庚批评公卿“不和吉言于百姓”，“以自灾于厥身”。公卿百官是民之师长，当倡民为善，身为大臣而不响应迁都，是为恶于民。《论语・学而》载有子说“礼之用，和为贵，先王之道斯为美”，又说“知和而和，不以礼节之，亦不可行也”。追求

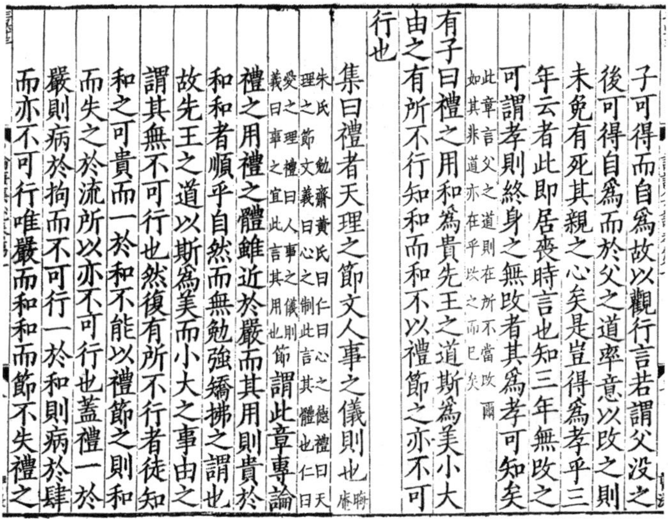
子可得而自爲故以觀行言若謂父沒之
後可得自爲而於父之道率意以改之則
未免有死其親之心矣是豈得爲孝乎三
年云者此即居喪時言也知三年無改之
可謂孝則終身之無改者其爲孝可知矣
此章言父之道則在所不當改爾如其非道亦在乎改之而已矣
有子曰禮之用和爲貴先王之道斯爲美小大
由之有所不行知和而和不以禮節之亦不可
行也
集曰禮者天理之節文人事之儀則也胸庵
朱氏勉齋黃氏曰仁曰心之德禮曰天理之節文義曰心之制此言其體也仁曰
愛之理禮曰人事之儀則義曰事之宜此言其用也節謂此章專論
禮之用禮之體雖近於嚴而其用則貴於
和和者順乎自然而無勉強矯拂之謂也
故先王之道以斯爲美而小大之事由之
謂其無不可行也然復有所不行者徒知
和之可貴而一於和不能以禮節之則和
而失之於流所以亦不可行也蓋禮一於
嚴則病於拘而不可行一於和則病於肆
而亦不可行唯嚴而和和而節不失禮之

《论语・学而》书影（“礼之用和为贵”）

和谐是一切制度设立的目标，但和谐不是调和与顺世。商汤嫡长孙太甲即位后，“不明，暴虐，不遵汤法，乱德”，伊尹放太甲于桐宫三年，太甲悔过自责，伊尹乃迎归帝位。《尚书·咸有一德》载伊尹告诫太甲说，“天难谌，命靡常。常厥德，保厥位”，“今嗣王新服厥命，惟新厥德。终始惟一，时乃日新。任官惟贤材，左右惟其人。臣为上为德，为下为民。其难其慎，惟和惟一。德无常师，主善为师。善无常主，协于克一”。伊尹特别强调“其难其慎，惟和惟一”在于“主善”，在于永远不违背人民的意志。

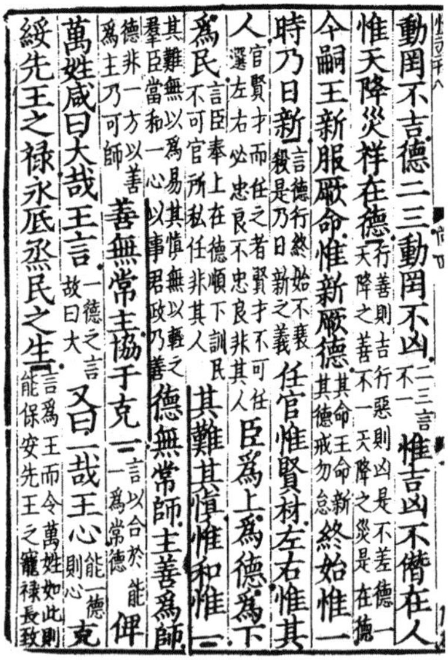
動罔不吉德二三動罔不凶二三言不一惟吉凶不僭在人
惟天降災祥在德行善則吉行惡則凶是不差德一天降之善不一天降之災是在德
今嗣王新服厥命惟新厥德其命王命新其德戒勿怠終始惟一
時乃日新言德行終始不衰殺是乃日新之義任官惟賢材左右惟其
人官賢才而任之者賢才不可任選左右必忠良不忠良非其人臣為上為德為下
為民言臣奉上在德順下訓民不可官所私任非其人其難其慎惟和惟一
其難無以為易其慎無以輕之羣臣當和一心以事君政乃善德無常師主善為師
德非一方以善為主乃可師善無常主協于克一言以合於能一為常德俾
萬姓咸曰大哉王言一德之言故曰大又曰一哉王心能一德則心一克
綏先王之祿永底烝民之生言為王而令萬姓如此則能保安先王之寵祿長致

《尚书·咸有一德》书影(“惟和惟一”)

“和”是求善的结果。求善除恶，目的在维护人民的利益。周不以武立国，而任德治，因此天下和谐，实现了长治久安。刘向《战国策叙》说周“崇道德，隆礼义，设辟雍泮、宫、庠序者教，陈礼乐、弦歌移风之化，叙人伦，正夫妇。天下莫不晓然论孝悌之义，惇笃之行故仁义之道满乎天下，卒致之刑错四十余年。远方慕义，莫不宾服，雅颂歌咏，以思其德”。《汉书·严安传》载严安上书赞周成王、周康王时期“刑错四十余年而不用”，是和谐社会的典范。自此以降，则如《庄子·知伯游》所言“每下愈况”，战国时期“强陵弱，众暴寡”，“此民之始苦也”，“民无所告诉”。民不聊生，是反和谐的样本。

《论语·子路》载孔子曰：“君子和而不同，小人同而不和。”“同”指党同伐异；“和”指求同存异，尊重他人主张的权利。《尚书·康诰》有“四方民大和会”句，“和”为“和悦”之意。又曰：“惟民其敕懋和。”称赞周成王时领导人向善，因此人民服化，尽弃恶修善，社会和睦。《尚书·梓材》曰：“皇天既付中国民，越厥疆土，于先王肆，王惟德用，和怿先后迷民，用怿先王受命。”这是说周天子治中国，推行先王之道，以德治国，因此国人一心向善，心气和悦，社会和谐。

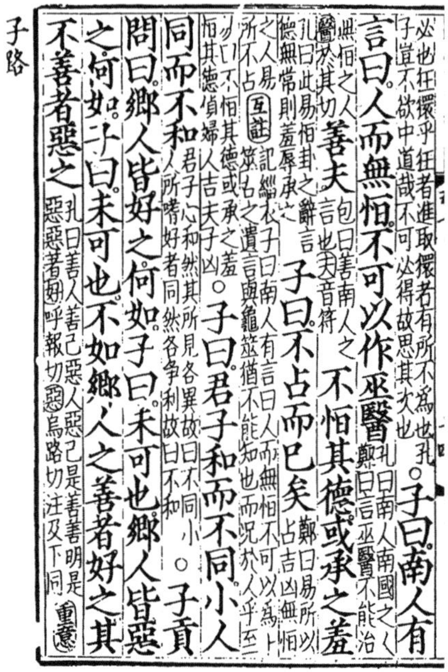
子路
必也狂狷乎狂者進取狷者有所不爲也孔子豈不欲中道哉不可必得故思其次也。子曰南人有
言曰人而無恆不可以作巫醫孔曰南人南國之人鄭曰言巫醫不能治
無恆之人醫於其切善夫包曰善南人之言也夫音符不恆其德或承之羞
孔曰此易恆卦之辭言德無常則羞辱承之子曰不占而已矣鄭曰易所以占吉凶無恆
之人易所不占互註記緇衣子曰南人有言曰人而無恆不可以爲卜筮古之遺言與龜筮猶不能知也而況於人乎至三
[illegible]不恆其德或承之羞恆其德貞婦人吉夫子凶。子曰君子和而不同小人
同而不和君子心和然其所見各異故曰不同小人所嗜好者同然各爭利故曰不和。子貢
問曰鄉人皆好之何如子曰未可也鄉人皆惡
之何如子曰未可也不如鄉人之善者好之其
不善者惡之孔曰善人善己惡人惡己是善善明惡惡著好呼報切惡烏路切注及下同重意

《论语·子路》书影（“君子和而不同”）

和谐是建立在社会公平的基础上的。《论语·季氏》载孔子之言曰：“丘也闻有国有家者，不患寡，而患不均；不患贫，而患不安。盖均无贫，和无寡，安无倾。夫如是，故远人不服，则修文德以来之；既来之，则安之。”要实现社会公平，就需要在制度上保证领导人为民尽己之能力，爱民推己之温情。《论语·里仁》载孔子曰：“吾道一以贯之。”曾子曰：“夫子之道，忠恕而已矣。”“忠”为尽己之道，“恕”为推己之道。《论语·卫灵公》载子贡问“有一言而可终身行之者乎”，孔子说：“其恕乎！己所不欲，勿施于人。”《论语·雍也》载子贡问“如有博施于民而能济众，何如？

可谓仁乎”，孔子回答说：“何事于仁，必也圣乎！尧、舜其犹病诸！夫仁者，己欲立而立人，己欲达而达人。能近取譬，可谓仁之方也已。”《论语·卫灵公》载孔子曰：“躬自厚而薄责于人，则远怨矣。”“君子求诸己，小人求

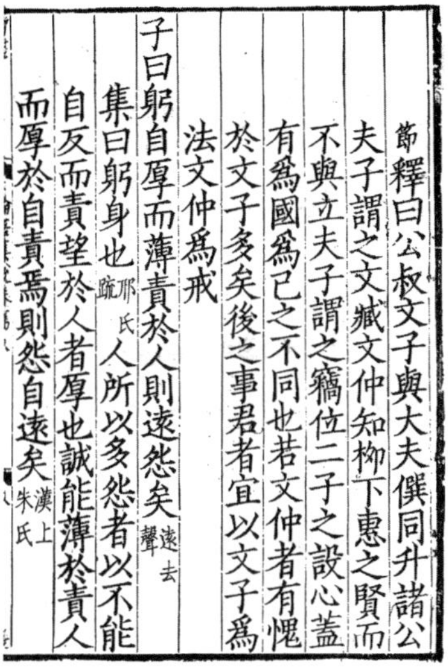
節釋曰公叔文子與大夫僎同升諸公夫子謂之文臧文仲知柳下惠之賢而不與立夫子謂之竊位二子之設心蓋有爲國爲己之不同也若文仲者有愧於文子多矣後之事君者宜以文子爲法文仲爲戒

子曰躬自厚而薄責於人則遠怨矣遠去聲

集曰躬身也邢氏疏人所以多怨者以不能自反而責望於人者厚也誠能薄於責人而厚於自責焉則怨自遠矣漢上朱氏

《论语·卫灵公》书影
（“躬自厚而薄责于人”）

诸人。”“无为而治者，其舜也与！夫何为哉，恭己正南面而已矣。”《论语·学而》载孔子曰：“道千乘之国，敬事而信，节用而爱人，使民以时。”建立领导人严以律己，宽以待人，不扰民，不虐民的社会制度，是实现和谐社会所必不可少的保障。

君主自律，推行德治，选贤与能，全心为民，是实

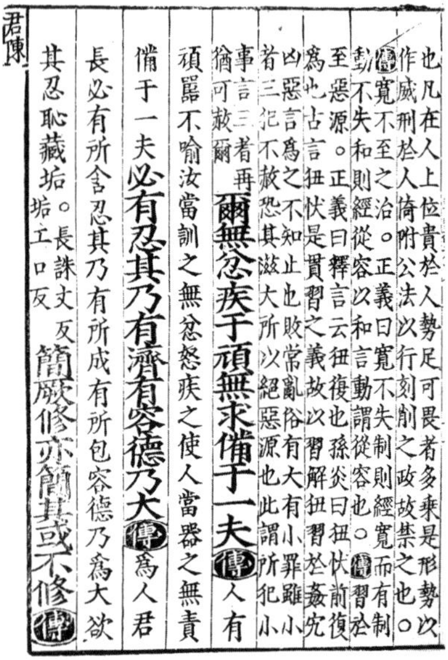

君陳

也凡在人上位貴於人勢足可畏者多乘是形勢以作威刑於人倚附公法以行刻削之政故禁之也○傳寬不至之治○正義曰寬不失制則經寬而有制動不失和則經從容以和言動謂從容也○傳習於至惡源○正義曰釋言云狃復也孫炎曰狃伏前復爲也古言狃伏是貫習之義故以習解狃習於姦宄凶惡言爲之不知止也敗常亂俗有大有小罪雖小者三犯不赦恐其滋大所以絕惡源也此謂所犯小事言三者再猶可赦爾

爾無忿疾于頑無求備于一夫傳人有頑嚚不喻汝當訓之無忿怒疾之使人當器之無責備于一夫必有忍其乃有濟有容德乃大傳爲人君長必有所含忍其乃有所成有所包容德乃爲大欲其忍恥藏垢垢工口反○長誅丈反簡厥修亦簡其或不修傳

《尚书·君陈》书影（“有容德乃大”）

现“和”的不二前提。《尚书·无逸》篇曰：“不遑暇食，用咸和万民。”《蔡仲之命》篇曰：“皇天无亲，惟德是辅。民心无常，惟惠之怀。为善不同，同归于治；为恶不同，同归于乱。……以和兄弟，康济小民。”《多方》篇曰：“时惟尔初，不克敬于和，则无我怨。”《立政》篇曰：“相我受民，和我庶狱庶慎。”《周官》篇曰：“庶政惟和，万国咸宁。”又曰：“和上下。”“推贤让能，庶官乃和，不和政庞。”《君陈》篇曰：“无依势作威，无倚法以削，宽而有制，从容以和。……必有忍，其乃有济；有容，德乃大。”《顾命》篇曰：“燮和天下。”《毕命》篇曰：“惟周公克慎厥始，惟君陈克和厥中，惟公克成厥终。三后协心，同底于道，道洽政治，泽润生民，四夷左衽，罔不咸赖。"《君牙》篇曰:"弘敷五典,式和民则。尔身克正,罔敢弗正,民心罔中,惟尔之中。"《周易》之《乾卦·彖传》说:"保合大和,乃利贞。""大和"即"大和顺"。《乾文言》说:"利者,义之和也。"坚守正义,把和谐建立在社会正义的基础上,才是最大的利益所在。《咸卦·彖传》说:"圣人感人心而天下和平。"《易传·说卦》说:"和顺于道德而理于义,穷理尽性以至于命。"

"和"或者"和谐"作为社会主义核心价值观之一,就是要坚持以人为本,坚持科学发展,坚持民主、自由、平等的文明价值观,始终把实现每一位国民的幸福看作是国家利益的根本,诚信友爱,追求人与人、人与社会、人与自然的友好相处。和谐不仅是中国的优秀传统价值,也是人类所共同关注的价值,毕达哥拉斯曾经认为天即是和谐,罗丹则认为美即和谐。"和谐"价值的提出,体现了中西对普世文明的共同追认。《周易》之《中孚卦》九二《象传》曰:"其子和之,中心愿也。"《庄子·人间世》说:"心莫若和。"和谐应是发自内心的。《论语·为政》载孔子说:"举直错诸枉,则民服；举枉错诸直，则民不服。”和谐的关键在获得人民支持，能举贤授能，远离小人，是社会向善的前提，也是民服的必要条件。《尚书·太甲》载伊尹说：“先王子惠困穷，民服厥命，罔有不悦。”领导人修其身，明其视，聪其听，惠其民，则上下无不服其教，人人欢欣喜悦。《周易》之《豫卦·彖传》说：“圣人以顺动，则刑罚清而民服。”《左传·桓公二年》说：“是以民服事其上而下无觊觎。”《左传·僖公二十八年》曰：“君子谓文公其能刑矣，三罪而民服。《诗》云：‘惠此中国，以绥四方。’不失赏刑之谓也。”领导人建立善法，遵守善法，刑罚公正，民服而无有非分之心，那么和谐社会也就不期而至。

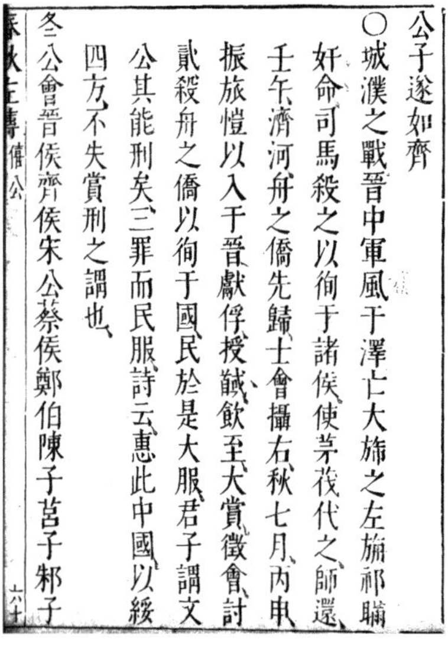
公子遂如齊
○城濮之戰晉中軍風于澤亡大旆之左旃祁瞞奸命司馬殺之以徇于諸侯使茅茷代之師還壬午濟河舟之僑先歸士會攝右秋七月丙申振旅愷以入于晉獻俘授馘飲至大賞徵會討貳殺舟之僑以徇于國民於是大服君子謂文公其能刑矣三罪而民服詩云惠此中國以綏四方不失賞刑之謂也
冬公會晉侯齊侯宋公蔡侯鄭伯陳子莒子邾子
春秋左傳 僖公 六十

《左传·僖公二十八年》书影
（“三罪而民服”）

遵守舊章

自 由

自由是现代政治哲学的核心概念，指的是每个人都享有实施一切无害于他人的行为，按照自己的计划去追求自己利益的权力，其重要的前提是不能妨碍别人也实现这一权力。在西方，自由是欧洲18世纪启蒙运动的成果，其内容主要体现在18世纪北美各州权利法案和1789年法国大革命时颁布的《人权宣言》之中。在中国，自由早已体现在孔子的言行中，他最是了解自由的核心理念。《论语·卫灵公》载，学生问孔子“有一言而可终身行之者乎”，孔子回答说：“其恕乎！己所不欲，勿施于人。”《论语·雍也》说：“夫仁者，己欲立而立人，己欲达而达人，能近取譬，可谓仁之方也已。”“己欲立而立人，己欲达而达人”与“己所不欲，勿施于人”是“恕”这一行为原则的两个方面，其核心是推己及人，即自己不愿意做的事，自己不愿意承受的痛苦，绝不能强加于他人；自己想实现的愿望，应该让别人也实现。

《简明不列颠百科全书》认为，“自由主义是希伯来的预言书、前苏格拉底哲学家的学说和耶稣登山宝训等发展之顶点”，显然，他们忘记了孔子！《简明不列颠百科全书》又说，“历史上的自由主义的指导原则是坚定不移地限制政府的权利”，“国家的力量只能防止过多的恶，而很少能行积极的善”，所以“管得最少的政府就是最好的政府”。孔子及儒家早期思想家的学说，恰就在限制君主和政府权力上下功夫。《说苑·政理》、《孔子家语·始诛》都记载孔子赞扬“威厉而不试，刑错而不用”的言论。《论语·学而》说：“道千乘之国，敬事而信，节用而爱人，使民以时。”《论语·卫灵公》说：“躬自厚而薄责于人。”又说：“君子求诸己，小人求诸人。”“节用”就是抑制欲望，“爱人”就是强调统治者与人民的平等，“使民以时”就是要给人民更大的自由权利。所以，《论语·卫灵公》中孔子赞扬五帝时代的“无为”：“无为而治者，其舜也与！夫何为哉，恭己正南面而已矣。”“无为”就是不折腾，限制领导人的作威作福和胡作非为，让人民自由地生活，各得其所。

也呼居宜反國劉冑用反又如字 敬事而信包曰爲國者舉事必敬慎與民必誠信 節用而
愛人包曰節用不奢侈國以民爲本故愛養之使尺紙反又音尺氏反 使民以時包曰作使民必
以其時不妨奪農務○子曰弟子入則孝出則弟謹而信汎
愛眾而親仁行有餘力則以學文馬曰文者古之遺文汎孚劒反
行徐下孟反○子夏曰賢賢易色孔曰子夏弟子卜商也言以好色之心好賢則善 事
父母能竭其力事君能致其身孔曰盡忠節不愛其身夏戶雅反盡津忍
反 與朋友交言而有信雖曰未學吾必謂之學
矣重意與朋友交言而有信上文與朋友交而不信乎○子曰君子不重則不
威學則不固孔曰固蔽也一曰言人不能敦重既無威嚴學又不能堅固識其義理 主忠
信毋友不如己者過則勿憚改鄭曰主親也憚難也憚徒旦反難乃旦

《论语·学而》书影（“使民以时”）

表达的自由、信仰的自由、免于匮乏的自由、免于恐惧的自由是罗斯福提出的“四大自由”观，这是法国大革命《人权宣言》和美国《独立宣言》的简洁表述，也正因此，毛泽东不止一次高度赞扬林肯的民有、民治、民享以及罗斯福的“四大自由”，并把它们当作中国社

罗斯福像

会主义政治制度建设必然要实现的目标。毛泽东的这个态度绝不是为了在二战中获得国际社会支持和援助的权宜之计，而是贯彻马克思主义思想和实现共产主义理想题中应有之义。

作于东汉末年的叙事长诗《孔雀东南飞》中有“吾意久怀忿，汝岂得自由”的句子，此处“自由”即不受外界限制和拘束，自己的行为自己作主，与我们今天所说“自由”的含义大体相当。袁宏《后汉纪 · 灵帝纪》

有“方今权官群居，同恶如市，上不自由，政出左右”之言，说的是东汉末年权贵勾结，汉灵帝被权贵所挟制，不能行使治权。

中国古代典籍在使用“自由”一词时，有时候表达的是肆意妄为不遵守典章制度的意思。《后汉书·皇后纪》载汉安帝皇后阎姬在丈夫去世后专权，任用兄弟执政，“兄弟权要，威福自由”。这里的“威福自由”就是胡作非为，作威作福。《后汉书·乐恢传》说乐恢忠直，河南尹王调、洛阳令李阜与权臣窦宪厚善，“纵舍自由”，被乐恢劾奏。“纵舍自由”

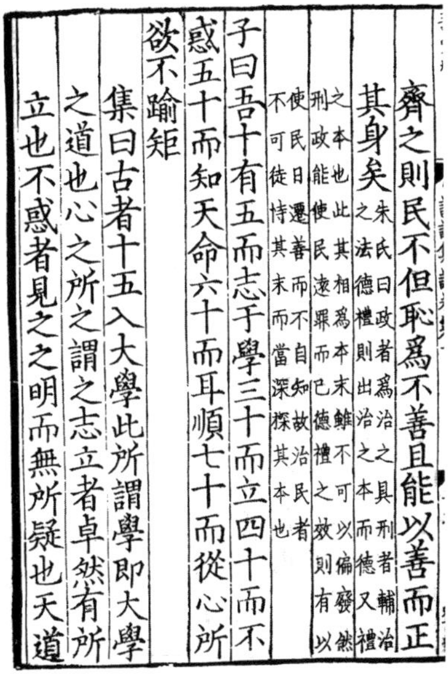
齊之則民不但恥爲不善且能以善而正
其身矣朱氏曰政者爲治之具刑者輔治之法德禮則出治之本而德又禮
之本也此其相爲本末雖不可以偏廢然刑政能使民遠罪而已德禮之效則有以
使民日遷善而不自知故治民者不可徒恃其末而當深探其本也
子曰吾十有五而志于學三十而立四十而不
惑五十而知天命六十而耳順七十而從心所
欲不踰矩
集曰古者十五入大學此所謂學即大學
之道也心之所之謂之志立者卓然有所
立也不惑者見之之明而無所疑也天道

《论语·为政》书影（“七十而从心所欲”）

也是“作威作福”之意。《后汉书·周兴传》载尚书陈忠上疏荐周兴，批评“诸郎多文俗吏，鲜有雅才，每为诏文，宣示内外，转相求请，或以不能而专己自由，辞多鄙固”，此处“自由”指随心所欲，但此随心所欲不是《论语·为政》载孔子的“七十而从心所欲，不逾矩”，而是“逾矩”的为所欲为。

毫无疑问，作威作福、恣意妄为、为所欲为、胡作非为绝不是“自由”，而是与“自由”完全背道而驰的。《汉书·楚元王传》载刘向引逸《尚书》说：“臣之有作威作福，害于而家，凶于而国。”领导者作威作福，必然限制人民的自由，任性地滥用权力，当然会损害百姓与国家。中国旧社会的长期积弱即根源于此。

孔子的自由思想，与他的“天下为公”的“大同”理想相联系。《礼记·礼运》中所说“选贤与能，讲信修睦”，“故人不独亲其亲，不独子其子，使老有所终，壮有所用，幼有所长，矜、寡、孤、独、废、疾者有所养，男有分，女有归”，“谋闭而不兴，盗窃乱贼而不作，故外户而不闭”；“刑仁讲让，示民有常”，实际上指的就是民有、民治、民享的制度安排和建设免于匮乏、恐惧的社会理想。

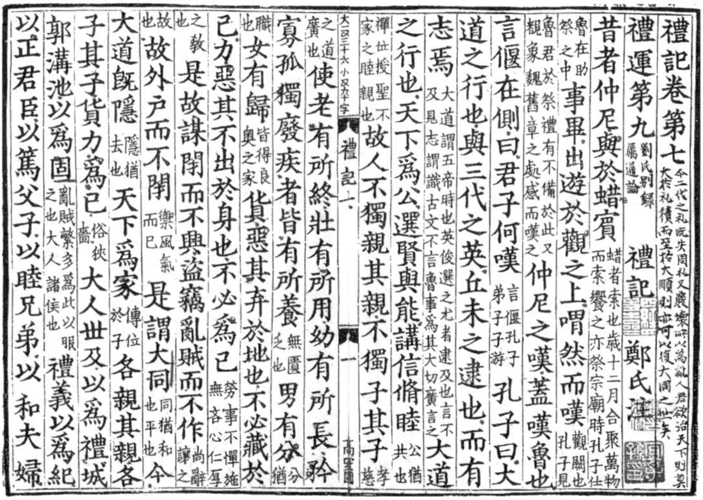
禮記卷第七
禮運第九 劉氏別録屬通論 禮記 鄭氏注
昔者仲尼與於蜡賓 蜡者索也歲十二月合聚萬物而索饗之亦祭宗廟時孔子仕魯在助祭之中 事畢出遊於觀之上喟然而嘆 觀闕也孔子見魯君於祭禮有不備於此又覩象魏舊章之處感而嘆之 仲尼之嘆蓋嘆魯也 言偃在側曰君子何嘆 言偃孔子弟子子游 孔子曰大道之行也與三代之英丘未之逮也而有志焉 大道謂五帝時也英俊選之尤者逮及也言不及見志謂識古文不言魯事爲其大切廣言之 大道之行也天下爲公選賢與能講信脩睦 公猶共也禪位授聖不家之睦親也 故人不獨親其親不獨子其子 孝慈之道廣也 使老有所終壯有所用幼有所長矜寡孤獨廢疾者皆有所養 無匱乏也 男有分 分猶職也 女有歸 皆得良與之家 貨惡其弃於地也不必藏於己力惡其不出於身也不必爲己 勞事不憚施無吝心仁厚之教也 是故謀閉而不興盜竊亂賊而不作 尚辭讓之故也 故外戶而不閉 御風氣而已 是謂大同 同猶和也平也 今大道既隱 隱猶去也 天下爲家 傳位於子 各親其親各子其子貨力爲己 俗狹嗇 大人世及以爲禮城郭溝池以爲固 亂賊繁多爲此以服之也大人諸侯也 禮義以爲紀以正君臣以篤父子以睦兄弟以和夫婦

《礼记·礼运》书影（“天下为公”）

在中国古代社会，言论自由是社会的基本共识。《国语·周语上》载周厉王暴虐，却担心人民诽谤自己，派人监视诽谤者，企图控制言论，遭到国人反对，但周厉王不思悔改，三年后被流放于彘。秦始皇焚书坑儒，民众不能发表反对意见；秦二世时赵高指鹿为马，不但不让人民发表反对意见，还逼迫民众说假话，最终导致二世而亡。无论是周厉王还是秦始皇帝及赵高，都因“防民之口”被钉在了历史的耻辱柱上。

汉族人没有统一的宗教信仰，但在中国古代大部分时期，信仰自由是得到保证的。中国本土的道教，以及来自于西域的佛教、伊斯兰教、天主教、摩尼教、琐罗亚斯德教、犹太教、基督教等，大都在中国有广泛信众。《论语·为政》中说：“攻乎异端，斯害也已。”旧注以攻为治，即指治异端邪说，则有害。案《论语·先进》载鲁国权臣季孙氏富于周公，而孔子的学生冉求还极力为季孙氏聚敛财富，孔子说：“非吾徒也，小子鸣鼓而攻之，可也。”此处“攻”即进攻、批判之意。则“攻乎异端”之“攻”，应该理解为进攻、批判之意。《论语·里仁》载孔子说：“人之过也，各于其党。观过，斯知仁矣。”是说人的缺点在于党同伐异，能认识到自己的缺点，就可以知道爱人的道理了。《易传·系辞下》载孔子说：“天下同归而殊途，一致而百虑。”《易传·坤文言》说：“积善之家必有余庆，积不善之家必有余殃。”

《孟子·公孙丑上》说：“故君子莫大乎与人为善。”宗教都以教人向善为目的，按照原始儒家的逻辑，尊重一切教人向善的宗教信仰，也是必然的立场。

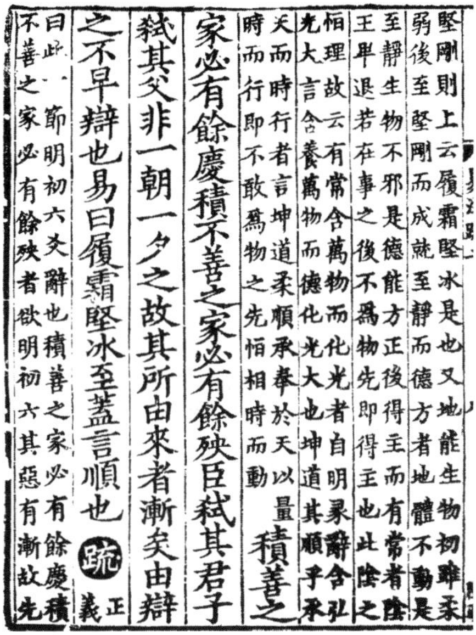
堅剛則上云履霜堅冰是也又地能生物初雖柔
弱後至堅剛而成就至靜而德方者地體不動是
至靜生物不邪是德能方正後得主而有常者陰
主卑退若在事之後不爲物先即得主也此陰之
恒理故云有常含萬物而化光者自明彖辭含弘
光大言含養萬物而德化光大也坤道其順乎承
天而時行者言坤道柔順承奉於天以量
時而行即不敢爲物之先恒相時而動 積善之
家必有餘慶積不善之家必有餘殃臣弒其君子
弒其父非一朝一夕之故其所由來者漸矣由辯
之不早辯也易曰履霜堅冰至蓋言順也 疏 正義
曰此一節明初六爻辭也積善之家必有餘慶積
不善之家必有餘殃者欲明初六其惡有漸故先

《周易注疏·坤》书影
（“积善之家必有余庆”）

自由需要保护每一个独立个体的天赋权力，因此必然反对专制和暴虐。孔子的“里仁”与孟子的“居仁由义”就是强调个人的一切行为都必须合乎正义。《孟子·尽心上》说：“杀一无罪，非仁也。非其有而取之，非义也。……居仁由义，大人之事备矣。”《荀子》强调“行一不义，杀一无罪，而得天下，仁者不为也”，《说苑·贵德》说：“孔子曰：‘里仁为美，择不处仁，焉得智？’夫仁者，必恕然后行，行一不义，杀一无罪，虽以得高官大位，仁者不为也。”里仁即居仁。原始儒家强调“居仁由义”，就是强调永远不能做危害他人的事情。《三国志·蜀主传》注引《先主遗诏敕后主》说：“勿以恶小而为之，勿以善小而不为。”刘备此言，正是沉潜于孔孟思想，凝练而成的。明代方以智《一贯问答》说：“心不直即不自由，不自由即非礼，自由之几在乎自

方以智像

克。”实现自由，就需要领导者正直善良，恪守正义，严格自律。

战国时期杨朱和庄子是自由的倡导者。《列子·杨朱》说杨朱认为“古之人损一毫利天下不与也，悉天下奉一身不取也。人人不损一毫，人人不利天下，天下治矣”。在杨朱看来，“世固非一毛之所济”，有人损一毫，则有人以天下奉一身，如果人人不损一毫，则人人不得以天下为利。庄子指出在行动自由受到限制的时候，追求精神自由的重要性，主张人通过“无己”、“无功”、“无名”，而达到“无待”的逍遥游，以对抗“有为”社会的罪恶。陈此生《杨朱》一书认为，庄子与杨朱“主张个人自由的观念”，“反对干涉主义”，是一脉相承的。《孟子·滕文公下》批评墨氏的“兼爱”和杨朱的“为我”是禽兽之行，是因为墨子强调平等的爱，却没有说明应该以“老吾老以及人之老，幼吾幼以及人之幼”的“推恩”方式去爱人，最终的结果就是以“不爱”为“爱”了。杨朱“为我”，虽然维护了个人的自由，却可能对他人的自由被侵害漠不关心，使鳏寡孤独废疾者无所救助。“庖有肥肉，厩有肥马；民有饥色，野有饿莩，此率兽而食人也。”所以孟子说“吾为此惧”。

近代启蒙思想家严复认为国家的富强有赖于人人各得自由，其《论世变之亟》说：“得自由者，乃为全受，故人人各得自由，国国各得自由。”不过，严复认为，“夫自由一言，真中国历古圣贤之所深畏，而从未尝立以为教者也”。这种看法显然是民族虚无主义的观点。孙中山在《民权主义第二讲》中主张中国要强盛，“便要大家牺牲自由”。这是国民党走向独裁和专制的理论根源，被实践证明是错误的。佛洛姆在《逃避自由》一书中指

严复像

出,“人类历史也可说是日渐个人化及日渐获得自由的一个过程”,“人类的存在与自由,从开始起便是不可分的”。中国的历史也没有例外。中国文明史就是人民不断争取自由、反对独裁和专制的革命史。中国近代革命,更是处处有《人权宣言》的身影。康有为、梁启超提出建立“大同极乐世界”,“纵民为之”。慈禧被迫颁布的《钦定宪法大纲》也包含了“所有言论、著作、出版及集会、结社等事,均准其自由”等内容。而《中华民国临时约法》第六条对人民的自由权利的界定,已经与《人权宣言》完全接轨了。20 世纪马克思主义在中国的顺利传播,正是得益于马克思对自由的强调。《共产党宣言》说:“代替资产阶级旧社会的,将是这样一个联合体:每个人的自由发展,是一切人自由发展的条件。”罗素《西方哲学史》把马克思的哲学归为“自由主义”哲学的一个部分,就是源于马克思主义的理想是要在全世界实现一个没有阶级、没有压迫和剥削的人人平等、自由的共产主义社会。社会主义核心价值观把自由作为社会建设层面的第一价值,既体

陈望道首译本《共产党宣言》封面

现了对中国优秀传统文化中追求自由之文化精神的继承，又体现了积极汲取世界文明经验的国际主义胸怀。

闢館親賢

平 等

“平等”即均平、均等、无差别。“平等”是现代法治体系建立的基础原则，即法律面前人人平等。辛亥革命以后公布的《中华民国临时约法》第五条即规定“中华民国人民一律平等，无种族、阶级、宗教之区别”。1914 年，袁世凯颁布强化总统权力的《中华民国约法》，仍然保留

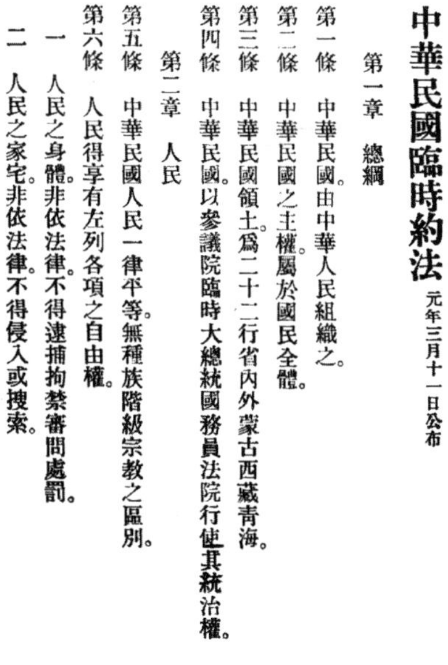
中華民國臨時約法 元年三月十一日公布

第一章 總綱

第一條 中華民國由中華人民組織之。

第二條 中華民國之主權屬於國民全體。

第三條 中華民國領土爲二十二行省內外蒙古西藏青海。

第四條 中華民國以參議院臨時大總統國務員法院行使其統治權。

第二章 人民

第五條 中華民國人民一律平等。無種族階級宗教之區別。

第六條 人民得享有左列各項之自由權。

一 人民之身體。非依法律。不得逮捕拘禁審問處罰。

二 人民之家宅。非依法律。不得侵入或搜索。

了“中华民国人民，无种族、阶级、宗教之区别，法律上均为平等”的条款。《中华人民共和国宪法》也继承了辛亥革命的成果，规定“中华人民共和国公民在法律面前一律平等”。

作为法律术语的“平等”的概念，实际主要包含政治权利的平等和经济权力的平等。政治权利的平等就是凡我国民在一切政治活动中有不受歧视的权力，经济权利的平等就是凡我国民的生存权应该得到平等的照顾。

“平等”是法国大革命的主要口号之一，也是近代文明的最核心的成果。是否承认人人平等，是检验社会善恶的试金石。法国人皮埃尔·勒鲁在《论平等》中认为法国大革命提出的“自由、平等、博爱”这三个词体现了“知觉—感情—认识”的一体性，“自由”是与“知觉”相应的政治术语，“博爱”是与“感情”相应的政治术语，“平等”是与认识相应的政治术语。在自由、平等、博爱三个词构成的文明体系中，“平等”是“自由”与“博爱”的基础和前提。也就是说，人们之所以需要拥有自由的权利，是因为人人平等；人人平等，人人自由，才能像亲兄弟姐妹一样互相爱护。

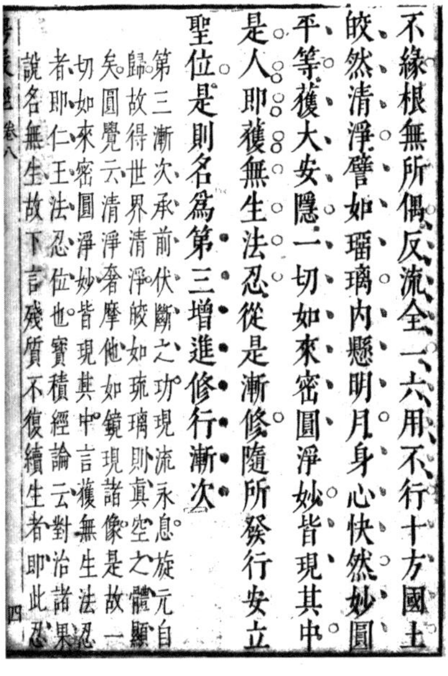
不緣根無所偶反流全一六用不行十方國土皎然清淨譬如瑠璃內懸明月身心快然妙圓平等獲大安隱一切如來密圓淨妙皆現其中是人即獲無生法忍從是漸修隨所發行安立聖位是則名爲第三增進修行漸次

第三漸次承前伏斷之功現流永息旋元自歸故得世界清淨皎如琉璃則真空之體一顯矣圓覺云清淨奢摩他如鏡現諸像是故一切如來密圓淨妙皆現其中言獲無生法忍者即仁王法忍位也寶積經論云對治諸果說名無生故下言殘質不復續生者即此忍

卷八 四

《楞严经》书影（“妙圆平等”）

“平等”一词在中国古代出现，源自早期佛教经典传入中国时，译者以“平等”一词解释“三世”及“六道”轮回众生无差别的理念，即人与人之间、有情众生之间、有情众生与无情众生之间法性平等，际遇平等，地位平等。《金刚经 · 净心行善分》说：“是法平等，无有高下。”《楞严经》卷八说：“妙圆平等，获大安隐。”佛教认为众生的差别是因为善业、恶业的不平等引起的。在翻译佛教经典时，翻译者也以“平等”一词作为主张经济权利均平之意义。如《百喻经·二子分财喻》说：“教汝分物使得平等，现所有物破作二分。”

就“平”、“等”的原始意义而言，都是均平、齐整之意。《庄子·齐物论》所谓“齐物”的观点，即是说万物平等，无有差别。而名家惠施的“合同异”，阐述万事万物无非彼此，生死、善恶、美丑、是非、大小等相对立之概念本质上并无有分别。按照庄子“齐物”之论及惠施“合同异”的观点，要认识到世间万物万事之间有区别，有联系，并可互相转化，更要认识到万事万物之间从本质和归宿上都是一致的，只有这样，才能摆脱世俗名利是非之累，实现精神的超越性。庄子和惠施的观点，实际与佛教的“平等”观殊途而同归。

虽然佛教经典使用的“平等”一词今天被广泛使用，但是，中国古代“平等”的观念并不始于佛教。就强调“平等”权力而言，中国传统价值观显然走在了世界前面。法国大革命以“自由、平等、博爱”为革命目标，而孔子所提倡的忠恕、均平、仁义观念，与自由、平等、博爱相对应，而其内涵则更为丰富而深刻。其中“均平”即“平等”，也即“公平”。《说文解字》曰：“公，平分也。”《周礼·地官司徒》曰：“贾师各掌其次之货贿之治，辨其物而均平之。”周代设贾师之官，即以平准物价，防止囤积居奇，影响公平交易。《后汉书·显宗孝明帝纪》载，光武帝中元二年二月，光武帝崩，十二月甲寅，汉明帝下诏：“其务在均平，无令枉刻。”《后汉书·虞傅盖臧列传》载虞“台郎显职，仕之通阶。今或一郡七八，或一州无人。宜令均平，以厌天下之望”。《三国志·魏书·乌丸鲜卑东夷传》小种鲜卑轲比能“每钞略得财物，均平分付，一决目前，终无所私”。这里的“均平”，不仅仅指经济权利，有时也包括了政治权力。

《论语·季氏》载，鲁国执政卿季孙氏准备讨伐颛臾，孔子说：“夫颛臾，昔者先王以为东蒙主，且在邦域之中矣，是社稷之臣也。何以伐为？”孔子对季孙氏的真实意图洞若观火，费是季孙氏的食邑，季孙氏意欲消灭费，目的就是为了扩张领土，谋取自己家族的利益。孔子在与学生冉有、子路的对话中，系统地阐述了他的“均平”主张，孔子说：“丘也闻有国有家者，不患寡而患不均，不患贫而患不安。盖均无贫，和无寡，安无倾。夫如是，故远人不服，则修文德以来之；既来之，则安之。今由与求也，相夫子，远人不服，而不能来也；邦分崩离析，而不能守也；而谋动干戈于邦内。吾恐季孙之忧，不在颛臾，而在萧墙之内也。”孔子的论述既

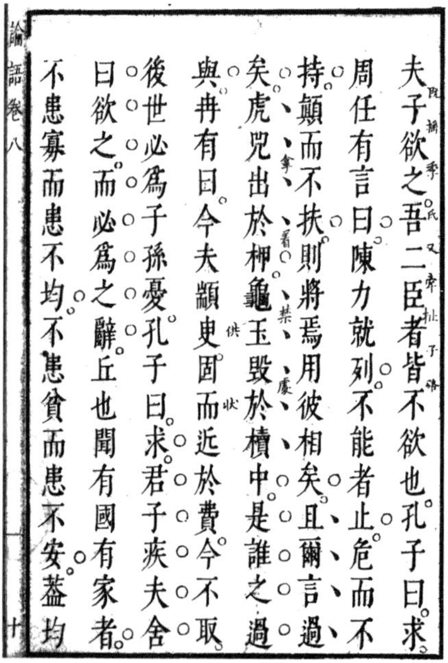
論語卷八　十

夫子欲之吾二臣者皆不欲也孔子曰求
周任有言曰陳力就列不能者止危而不
持顛而不扶則將焉用彼相矣且爾言過
矣虎兕出於柙龜玉毀於櫝中是誰之過
與冉有曰今夫顓臾固而近於費今不取
後世必爲子孫憂孔子曰求君子疾夫舍
曰欲之而必爲之辭丘也聞有國有家者
不患寡而患不均不患貧而患不安蓋均

《论语·季氏》书影（“不患寡而患不均”）

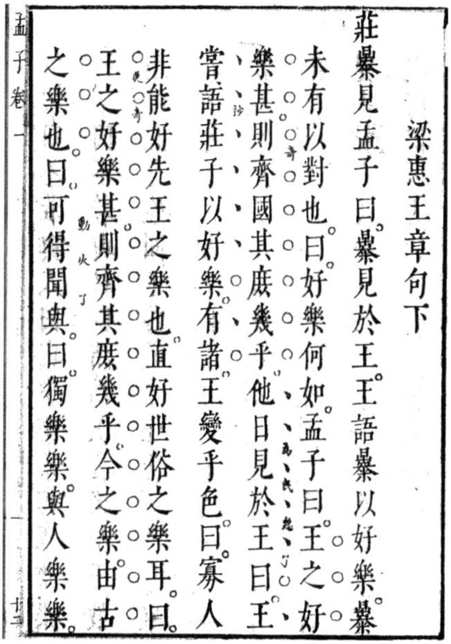

梁惠王章句下

莊暴見孟子曰暴見於王王語暴以好樂暴未有以對也曰好樂何如孟子曰王之好樂甚則齊國其庶幾乎他日見於王曰王嘗語莊子以好樂有諸王變乎色曰寡人非能好先王之樂也直好世俗之樂耳曰王之好樂甚則齊其庶幾乎今之樂由古之樂也曰可得聞與曰獨樂樂與人樂樂

《孟子·梁惠王下》书影（“与人乐乐”）

关注了经济权利，也包含了政治权利，而且是与他的“大同”政治思想一脉相承的。《孟子·梁惠王下》载，孟子说齐宣王，有听音乐“与民同乐”，田猎“与民同之”的观念，也是基于人民与君主享有平等的权利，君主才能得到人民拥戴。

追求政治权力和经济权利的平等，是中国古代先贤所积极追寻的目标，也是古代革命者反抗暴政的动力。《法言·君子》载有人问扬雄“齐死生，同贫富，等贵贱”的问题，扬雄回答说：“作此者，其有惧乎？信死

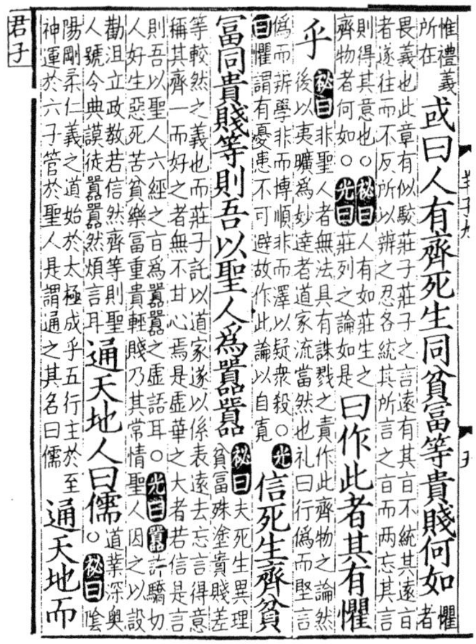
君子
惟禮義所在
或曰人有齊死生同貧富等貴賤何如
懼者畏義也此章有似駮莊子莊子之言遠有其旨不統其遠旨者遂往而不反所以辨之忍各統其所言之旨而兩忘其言則得其意也○秘曰人有如莊生之齊物者何如○光曰莊列之論如是
曰作此者其有懼
乎
秘曰非聖人者無法具有誅戮之責作此齊物之論然後以夷曠爲妙達者道家流當然也礼曰行僞而堅言僞而辨學非而博順非而澤以疑衆殺○光曰懼謂有憂患不可避故作此論以自寬
信死生齊貧富同貴賤等則吾以聖人爲嚚嚚
秘曰夫死生異理貧富殊塗貴賤差等較然之義也而莊子託以道家遂以係表遠去忘言得意稱其齊一而好之者無不甘心焉是虛華之大者若信是言則吾以聖人六經之旨爲嚚嚚之虛語耳○光曰嚚許驕切人好生惡死苦貧樂富重貴輕賤乃其常情聖人因之以設勸沮立政教若信然齊等則聖人號令典謨徒嚚嚚然煩言耳
通天地人曰儒
○秘曰道業深奧陰陽剛柔仁義之道始於太極成乎五行主於至神運於六子管於聖人是謂通之其名曰儒
通天地而

《法言·君子》书影（“同贫富等贵贱”）

生齐，贫富同，贵贱等，则吾以圣人为嚚嚚。”扬雄之意，提出此观点的人，是因为恐惧天下的堕落。如果真能实现生死、贫贱、富贵的平等，圣人就不需要教化百姓了。《皇朝通鉴长编纪事本末》载北宋太宗时王小波、李顺有“吾疾贫富不均，今为汝均之”的起义口号。《续资治通鉴》载南宋钟相有“法分贵贱贫富，非善法也。我行法，当等贵贱，均贫富”的理想。“等贵贱，均贫富”，大体脱胎于扬雄的《法言》。

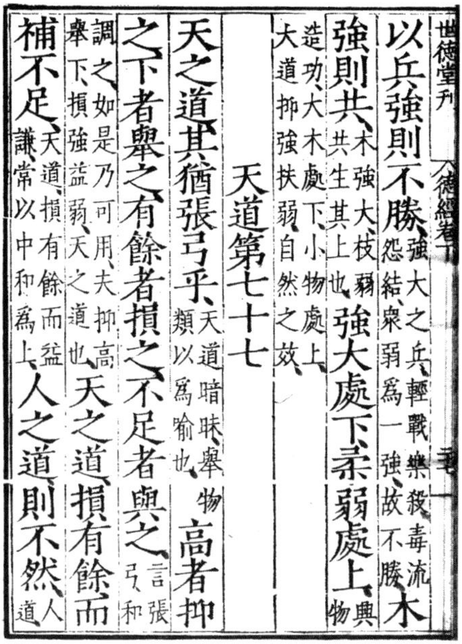
世德堂刊　道德經卷下

以兵強則不勝，強大之兵，輕戰樂殺，毒流怨結，衆弱爲一強，故不勝。木強則共。木強大，枝葉共生其上也。強大處下，柔弱處上。興物造功，大木處下，小物處上，天道抑強扶弱，自然之效。

天道第七十七

天之道其猶張弓乎。天道暗昧，舉物類以爲喻也。高者抑之，下者舉之，有餘者損之，不足者與之。言張弓和調之如是乃可用，夫抑高舉下，損強益弱，天之道也。天之道，損有餘而補不足。天道損有餘而益謙，常以中和爲上。人之道則不然，人道

《道德经》书影（“损有余而补不足”）

中国早期思想家在论述均平思想时，都着眼于从“天道”中寻找建立“平等”观念的理论必然性。《道德经》说：“天道无亲，常与善人。”又说：“天之道，其犹张弓，高者抑之，下者举之，有余者损之，不足者与之。”老子认为天道损有余而补不足，人道损不足以奉有余，因此，人类应该摒弃“损不足”以“奉有余”的恶习，而应遵从天道的平等理念。《文子·符言》引老子之言说：“天道无亲，唯德是与。”《荀子·天论》说：“天行有常，不为尧存，不为桀亡。”又说：“天不为人之恶寒也辍冬，地不为人之恶辽远也辍广。”《说苑·敬慎》、《孔子家语·观周》记载孔子之周，见太庙

金人背铭文有“天道无亲，常与善人”之句。《说苑·谈丛》说：“天地无亲，常与善人。天道有常，不为尧存，不为桀亡。”“天道无亲”、“天地无亲”、“天行有常”、“天道有常”表达的就是天道的“平等”原则。《庄子·德充符》说：“夫天无不覆，地无不载。”《关尹子·三极》说：“天无不覆，有生有杀，而天无爱恶。日无不照，有妍有丑，而日无厚薄。”“天无不覆”、“地无不载”、“日无不照”，表述的也是平等的观念。

孔子既注重终极的“平等”，同时又把“平等”看作是一个动态的过程。《礼记·礼运》指出“礼”产生于小康社会，其本质特征是为了维护“大人世及”的秩序的，因此是反“大同”的。但是，要从“礼崩乐坏”的乱世走向“大同”，必须经过“德治”此过程，而在德治的社会中，分别亲疏贵贱的礼又是实现“大同”的必然路径。《礼记·丧服小记》说：“亲亲尊尊长长，男女之有别，人道之大者也。”《礼记·祭统》说：“长幼有序。”恢复周礼，目的并不是为了反“平等”，而是为了通过承认差别，实现“平等”的动态平衡。《礼记·乐记》说：

“乐者为同，礼者为异。”因此，孔子在强调礼的同时，一定要把乐和礼联系在一起，并要求礼乐必须受“仁”的制约。《论语·泰伯》载孔子说：“兴于诗，立于礼，成于乐。”《论语·八佾》载孔子说：“人而不仁，如礼何？人而不仁，如乐何？”如果只强调礼的差别而不把“合同”看作终点，如果礼乐之中不能体现“仁”的核心价值，也就“异化”了。

《论语·颜渊》载齐景公问政于孔子，孔子回答说：“君君、臣臣、父父、子子。”《论语·子路》载子路问政，孔子说：“先之，劳之。”又回答子路为政当以“正名”始：“名不正，则言不顺；言不顺，则事不成；事不成，则礼乐不兴；礼乐不兴，则刑罚不中；刑罚不

〔重意〕問政凡許見顏淵 赦小過。舉賢才。曰。焉知賢才而舉
之。曰。舉爾所知。爾所不知。人其舍諸 孔曰女所不知者人將自
舉之各舉其所知則賢才無遺〔音〕焉於虔切舍上聲 ○子路曰。衛君待子而為政
子將奚先 包曰問往將何所先行 子曰。必也正名乎 馬曰正百事之名
子路曰。有是哉。子之迂也。奚其正 包曰迂猶遠也言孔子之言遠於事
也〔音〕迂音于 子曰。野哉由也 孔曰野猶不達 君子於其所不知。
蓋闕如也 包曰君子於其所不知當闕而勿據今由不知正名之義而謂之迂遠 名不正
則言不順。言不順。則事不成。事不成。則禮樂不
興。禮樂不興。則刑罰不中 孔曰禮以安上樂以移風二者不行則有淫刑濫罰〔音〕中
丁仲切下同 刑罰不中。則民無所錯手足。故君子名之

《论语·子路》书影
（“名不正则言不顺”）

中，则民无所错手足。”君君臣臣父父子子，就是各人恪守自己的角色本位，做自己应该做的事情。君仁臣忠，父慈子孝，也就是“正名”，名实相副。而处于优势地位的人应该率先垂范，关心处于弱势地位的人。《论语・颜渊》中孔子教育鲁国执政卿季康子说：“政者，正也。子帅以正，孰敢不正？”“苟子之不欲，虽赏之不窃。”“子欲善而民善矣。君子之德风，小人之德草，草上之风，必偃。”《论语・子路》说：“苟正其身矣，于从政乎何有？不能正其身，如正人何？”在孔子的观念中，等级贵贱不是谋取利益分享的份额，而是责任

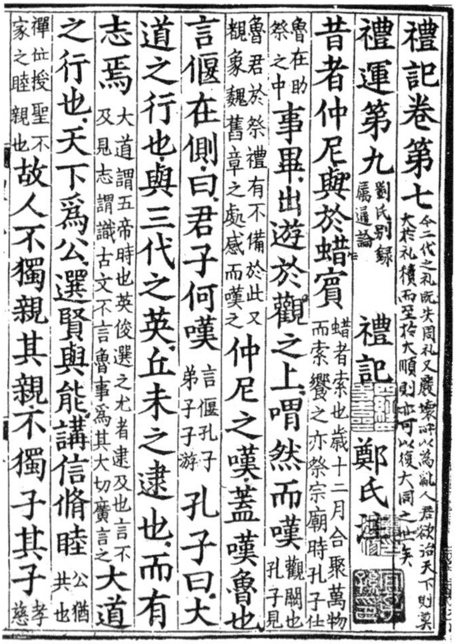
禮記卷第七 今二代之礼既失周礼又震壞所以為亂人君欲治天下則莫大於礼積而至於大順則亦可以復大同之世矣
禮運第九 劉氏別錄屬通論 禮記 鄭氏注
昔者仲尼與於蜡賓 蜡者索也歲十二月合聚萬物而索饗之亦祭宗廟時孔子仕魯在助祭之中 事畢出遊於觀之上喟然而嘆 觀闕也孔子見魯君於祭禮有不備於此又睹象魏舊章之處感而嘆之 仲尼之嘆蓋嘆魯也 言偃在側曰君子何嘆 言偃孔子弟子子游 孔子曰大道之行也與三代之英丘未之逮也而有志焉 大道謂五帝時也英俊選之尤者逮及也言不及見志謂識古文不言魯事為其大切廣言之 大道之行也天下為公選賢與能講信脩睦 公猶共也禪位授聖不家之睦親也 故人不獨親其親不獨子其子 孝慈

《礼记・礼运》书影（“选贤与能”）

与义务的担当，所以，等级贵贱的设立就不是为了不平等，而是为了实现平等。

《礼记·礼运》所载孔子描述的“大同”社会“选贤与能”，“使老有所终，壮有所用，幼有所长，矜、寡、孤、独、废、疾者，皆有所养。男有分，女有归”，这是最根本和最彻底的平等观。平等是为了保证弱势群体有尊严地生存，使贤能的人献。要实现这样的“平等”通过礼乐制度建设，扶弱济困，

防止淫辟、争斗、遗弃以及暴君巧取豪夺的行恶。《礼记·经解》载孔子说：“安上治民，莫善于礼。”又说：“故昏姻之礼废，则夫妇之道苦，而淫辟之罪多矣。乡饮酒之礼废，则长幼之序

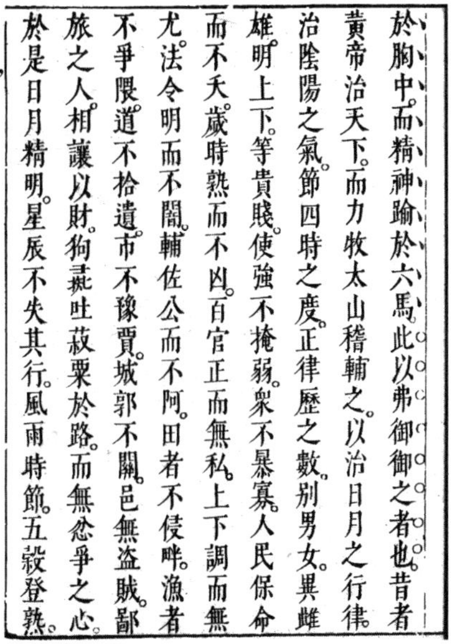
於胸中而精神踰於六馬此以弗御御之者也。昔者黃帝治天下。而力牧太山稽輔之。以治日月之行律。治陰陽之氣。節四時之度。正律歷之數。別男女。異雌雄。明上下。等貴賤。使強不掩弱。衆不暴寡。人民保命而不夭。歲時熟而不凶。百官正而無私。上下調而無尤。法令明而不闇。輔佐公而不阿。田者不侵畔。漁者不爭隈。道不拾遺。市不豫賈。城郭不關。邑無盜賊。鄙旅之人相讓以財。狗彘吐菽粟於路。而無忿爭之心。於是日月精明。星辰不失其行。風雨時節。五穀登熟。

《淮南子·览冥》书影

失，而争斗之狱繁矣。丧祭之礼废，则臣子之恩薄，而倍死忘生者众矣。聘觐之礼废，则君臣之位失，诸侯之行恶，而倍畔侵陵之败起矣。”《淮南子·览冥》说：“昔者黄帝治天下，而力牧、太山稽辅之，以治日月之行律，治阴阳之气，节四时之度，正律历之数，别男女，异雌雄，明上下，等贵贱，使强不掩弱，众不暴寡，人民保命而不夭，岁时孰而不凶，百官正而无私，上下调而无尤，法令明而不暗，辅佐公而不阿，田者不侵畔，渔者不争隈。道不拾遗，市不豫贾，城郭不关，邑无盗贼，鄙旅之人相让以财，狗彘吐菽粟于路，而无仇争之心。”

平等既是近代西方文明的重要成果，更是中华文明的结晶，体现了中国人几千年的价值追求。中国是社会主义国家，以实现共产主义为奋斗目标，坚持并最大限度地实现“等贵贱，均贫富”的平等原则，是社会主义核心价值观建设所必须的，也是检验社会主义事业成败的关键所在。

两造就正

公 正

公正即公平、正直。公正包含有平等之义，并以平等为理论前提。也就是说，没有平等观念的建立，就不可能有公正。在社会主义核心价值观中，“平等”与“公正”分列，即表明“公正”必须以“平等”为前提，也表明“公正”所强调的意义重点并不在“平等”。

曾也庶幾也从八向聲時亮切 从意也从八豕聲徐醉切 多言也从言从八从产臣鉉等曰产高也八分也多故可分也職廉切 畫也从八从人人各有介古拜切 分也从重八八別也亦聲孝經說曰故上下有別兵列切 平分也从八从厶音司八猶背也韓非曰背厶爲公古紅切 分極也从八弋弋亦聲卑吉切 語之舒也从八舍省聲以諸切 二余也讀與余同

文十二 重一

辨別也象獸指爪分別也凡釆之屬皆从釆讀若辨蒲莧切 古文釆 獸足謂之番从釆田象其掌附袁切 番或从足从煩 古文番 悉也知宷諦也从宀从釆徐鍇曰宀覆也釆別也包覆而深別之宷悉也式荏切 篆文宷从番 詳盡也从心从釆息七切 古文悉 解也从釆釆取其分別物也从睪聲賞職切

文五 重五

物中分也从八从牛牛爲物大可以分也凡

《说文解字》书影（“公”）

《说文解字·八部》说：“公，平分也。从八从厶，八犹背也。韩非曰：背厶为公。”厶即私。《韩非子·五蠹》说："古者，苍颉之作书也，自环者谓之私，背私谓之公，公私之相背也，乃苍颉固以知之矣。"公即公平，即无私。又《说文解字 · 正部》说："正，是也。从止，一以止。"徐锴注曰："守一以止也。"《说文解字 · 是部》曰："是，直也。从日、正。"《说文解字 · 乚部》曰："直(㥲)，正见也。从乚从十从目。"徐锴注曰："乚，隐也。今十目所见，是直也。"正即正直，正义。公正就是"背私"和"正直"。《春秋元命苞》说："公之为言公正无私也。"《韩非子 · 解老》说："所谓直者，义必公正，心不偏党也。"

之所不能至於其所欲至也自天地之剖判以至于今。(盧文弨曰于字張本無)故曰人之迷也其日故以久矣。(盧文弨曰日字凌本無顧廣圻曰今德經人作民無也字矣字傳本與此合故皆作固皆無以字先愼曰王衟作人與此同陸希聲趙孟頫本作民迷其日固以久矣)
所謂方者內外相應也。(盧文弨曰內外二字凌本倒)言行相稱也。(先愼曰稱副也昌證反)
所謂廉者必生死之命也。(先愼曰謂能死節)輕恬資財也。(先愼曰恬淡也)
所謂直者義必公正心不偏黨也。(先愼曰乾道本心上有公字顧廣圻云今本公作立當衍此字盧文弨云下立字凌本無此字先愼案顧說是今依凌本刪)所謂光者官爵尊貴衣裘壯麗也今有道之士雖中外信順不以誹謗窮墮。(盧文弨曰誹張本作非先愼曰論語子貢方人釋文鄭本作謗謂言人之過惡墮當作隋禮記曲禮上言不隋注隋不正之言順從自不言人之過惡忠信則無不正之言然已雖信順自持不以信順責人則世之謗隋者吾不誹之窮之所謂方而不割)雖死節輕財不以侮罷羞貪雖義端不黨。(顧廣圻曰藏本同今本義作異誤端正也)不以去邪

《韩非子 · 解老》书影("所谓直者")

公正观念的建立，源于"天下为公"的理念，即天下是天下人的天下，不是一个人或者少

数人的私产。《礼记·礼运》中孔子有“大道之行也，天下为公”，“大道既隐，天下为家”的论述，即天下有“大道”则为公，无“大道”则为家。《慎子·威德》说，“古者立天子而贵之者，非以利一人也”，“故立天子以为天下，非立天下以为天子也；立国君以为国，非立国以为君也；立官长以为官，非立官以为长也”。《说苑·至公》说：“天下官，则禅贤是也；天下家，则世继是也。故五帝以天下为官，三王以天下为家。”此处所谓“官”即“公”。《荀子·大略》云：“天之生民，非为君也。天之立君，以为民也。故古者列地建国，非以贵诸侯而已；列官职，差爵禄，非以

黄宗羲像

尊大夫而已。”黄宗羲《明夷待访录·原臣》说，“天下之治乱，不在一姓之兴亡，而在万民之忧乐”，“故我之出而仕也，为天下，非为君也；为万民，非为一姓也”。《朱子语类·历代二》评价汉高祖时赐姓刘氏的制度时认为“但一有同姓异姓之私，则非以天下为公之意。今观所谓‘刘氏冠’‘非刘氏不王’，往往皆此一私意。使天下后世有亲疏之间，而相戕相党，皆由此起”。即社会混乱的根源都是源于后代背弃天下为公的理念，而推行天下为家的制度。

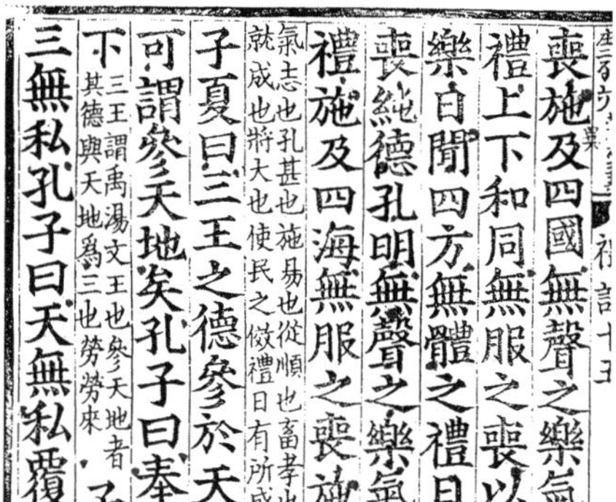
喪施及四國無聲之樂氣志既從無體之禮上下和同無服之喪以畜萬邦無聲之樂日聞四方無體之禮日就月將無服之喪純德孔明無聲之樂氣志既起無體之禮施及四海無服之喪施于孫子不違者民不違君之氣志也孔甚也施易也從順也畜孝也使萬邦之民競爲孝也就成也將大也使民之傚禮日有所成至月則大矣起猶行也子夏曰三王之德參於天地敢問何如斯可謂參天地矣孔子曰奉三無私以勞天下三王謂禹湯文王也參天地者其德與天地爲三也勞勞來子夏曰敢問何謂三無私孔子曰天無私覆地無私載日月

《礼记·孔子闲居》书影

（“奉三无私以劳天下”）

孔子把公正与天赋平等联系在一起，并盛赞三代领导人以“三无私”领导天下。《礼记·孔子闲居》载，子夏问：“三王之德，参于天地，敢问：何如斯可谓参于天地矣?”孔子说：“奉三无私以劳天下。”子夏问：“敢问何谓三无私?”孔子回答说：“天无私覆，地无私载，日月无私照。奉斯三者以劳天下，此之谓三无私。……德也。”

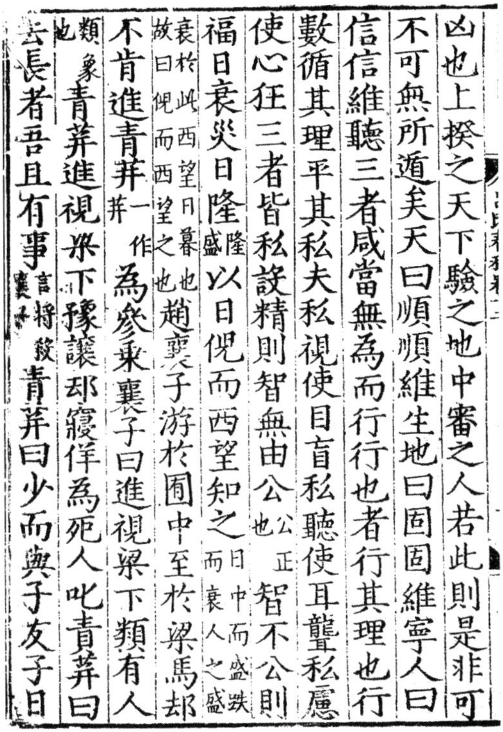
凶也上揆之天下驗之地中審之人若此則是非可
不可無所遁矣天曰順順維生地曰固固維寧人曰
信信維聽三者咸當無為而行行也者行其理也行
數循其理平其私夫私視使目盲私聽使耳聾私慮
使心狂三者皆私設精則智無由公也（公正）智不公則
福日衰災日隆（隆盛）以日倪而西望知之（日中而盛跌而衰人之盛
衰於此西望日暮也故曰倪而西望之也）趙襄子游於囿中至於梁馬却
不肯進青荓（一作荓）為參乘襄子曰進視梁下類有人
（類象也）青荓進視梁下豫讓卻寢佯為死人叱青荓曰
去長者吾且有事（言將殺襄子）青荓曰少而與子友子曰

《吕氏春秋·序意》书影（“智不公则福日衰”）

中国古代人把社会公正看做是政治文明的重要体现，因此，在制度设计上，也积极倡导一心为公的立场。《尚书·周官》是周成王灭淮夷归丰后所作，其中载有周成王关于领导者制定法律制度时要“以公灭私”的谈话。周成王说：“呜呼！凡我有官君子，钦乃攸司，慎乃出令，令出惟行，弗惟反。以公灭私，民其允怀。学古入官。议事以制，政乃不迷。”领导人不能从自身或者自己的集团利益出发设计政策或者制度，而是要全心全意为人民服务。一心为民，人民才能信服。《吕氏春秋·季冬纪·序意》曰：“夫私视使目盲，私听使耳聋，私虑使心狂。三者皆私设，精则智无由公。智不公，则福日衰，灾日隆。”高诱注说：“公，正也。”领导人不自私，不从自身利益看世界，不只听从符合自己利益的意见，不只从自身利益出发考虑问题，才能避免灾难。而心术在公，就是把持公正的底线，也就是坚持了正义。

《荀子·修身》说：“怒不过夺，喜不过予，是法胜私也。书曰：‘无有作好，遵王之道；无有作恶，遵王之路。’此言君子之能以公义胜私欲也。”《慎子·威德》说：“故蓍龟，所以立公识也；权衡，所以立公正也；书契，所以立公信也；度量，所以立公审也；法制礼籍，所以立公义也。凡立公，所以弃私也。明君动事分功必由慧，定赏分财必由法，行德制中必由礼。故欲不得干时，爱不得犯法；贵不得逾亲，禄不得逾位；士不得兼官，工不得兼事。以能受事，以事受利。若是者，上无羡赏，下无羡财。”只有在制度设计上明确立公去私，才能保证有体现公正原则的善法，进而保证社会的公正。

《吕氏春秋 · 去私》有“至公”和“公”的区分。“尧有子十人，不与其子而授舜；舜有子九人，不与其子而授禹：至公也”；晋平公时祁黄羊外举不避雠，内举不避子，孔子赞扬说：“祁黄羊可谓公矣。”墨子弟子钜子腹䵍居秦，其独子杀人，腹䵍坚持行墨者之法，杀其子，“钜子可谓公矣”。“至公”与《礼记 · 大学》所云“至善”，《论语 · 八佾》所云“尽善”，体现的皆是天下为家的原则。祁黄羊之“公”体现的是任人唯贤，腹䵍之“公”体现的是法律面前人人平等，不徇私枉法，不徇私舞弊。《新序 · 节士》载楚昭王时法官石奢“公正而好义”，其父杀人，以“不私其父，非孝也；不行君法，非忠也；以死罪生，非廉也”，遂自杀而死。石奢可以看做是兼顾人伦与社会责任的典范。

孔子及原始儒家以天下为公，因此是“至公”、“至德”、“至仁”、“至义”、“至善”，体现了公正的最高典范。《礼记 · 礼器》说：“天道至教，圣人至德。”孔子说：“泰伯，其可谓至德也已矣。三以天下让，民无得而称焉。”“三分天下有其二，以服事殷。周之德，其可谓至德也已矣。”(《论语 · 泰伯》)郭店楚简《唐虞之道》说：“唐虞之道，禅而不传。尧舜之王，利天下而弗利也。禅而不传，圣之盛也。利天下而弗利也，仁之至也。”“孝，仁之冕也；禅，义之至也。”《尚书 · 洪范》载箕子以九畴说武王，有“无偏无陂，遵王之义”、“无偏无党，王道荡荡”之言，无偏无陂、无偏无党即公正。《说苑 · 至公》说：“《书》曰：‘不偏不党，王道荡荡。’

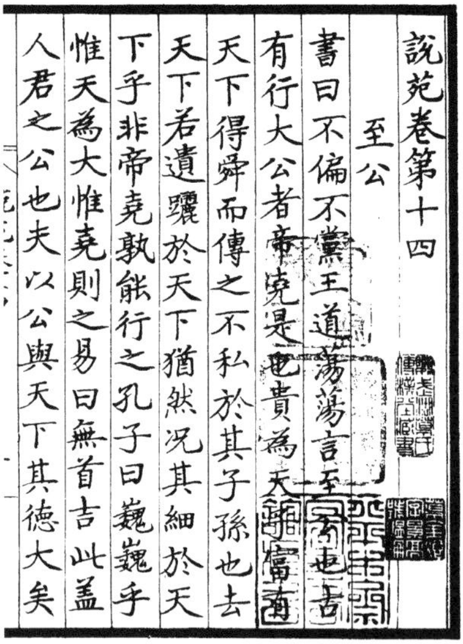
說苑卷第十四
至公
書曰不偏不黨王道蕩蕩言至公也古
有行大公者帝堯是也貴爲天子富有
天下得舜而傳之不私於其子孫也去
天下若遺躧於天下猶然況其細於天
下乎非帝堯孰能行之孔子曰巍巍乎
惟天爲大惟堯則之易曰無首吉此蓋
人君之公也夫以公與天下其德大矣

《说苑 · 至公》书影

言至公也。”

任人唯贤，是社会公正的重要保证，因此，古往今来，凡是公正的社会，都能在尊贤用贤上下功夫。《论语·为政》载，鲁哀公问孔子：“何为则民服？”孔子回答说：“举直错诸枉，则民服；举枉错诸直，则民不服。”《论语·颜渊》载孔子回答“爱人”和“知人”时说：“举直错诸枉，能使枉者直。”爱人即爱仁人，知人即洞悉人之贤愚。选用正直之人，则天下之人争为善人；选用恶人，则天下人争为恶人。孔子说：“唯上知与下愚不移。”（《论语·阳货》）即无论什么时候，我们都需要尊敬有智慧的人，而反对愚妄之人。《墨子·尚贤上》说：“夫尚贤者，政之本也。”《吕氏春秋·下贤》说帝尧北面求教布衣善绻：“此之谓至公，非至公其孰能礼贤？”唐尧求教于布衣，正是体现了大同时代领导人所具有的高尚胸怀。

公正是良善人的追求，因此，历代暴君奸臣总是把社会向反公正的邪路上引导。贾谊《新书·道术》说：“兼覆无私谓之公，反公为私；方直不曲谓之正，反正为邪。”《申鉴·杂言》说：“是故僻志萌则僻事作，僻事作则正塞，正塞则公正亦末由人也矣。”也正因此，在反公正的时代追求公正，就显得格外重要。徐锴注“正”，以“守一以止”为说，也就是强调坚守公正的重要性。柳下惠说：“直道而事人，焉往而不三黜？枉道而事人，何必去父母之邦？”（《论语·微子》）“直道”即坚守正义，“枉道”即屈从权势，阿谀奉承。《荀子·臣道》说：“从命而利君谓之顺，从命而不利君谓之谄；逆命而利君谓之忠，逆命而不利君谓之篡；不恤君之荣辱，不恤国之臧否，偷合苟容，以持禄养交而已耳，谓之国贼。”枉道

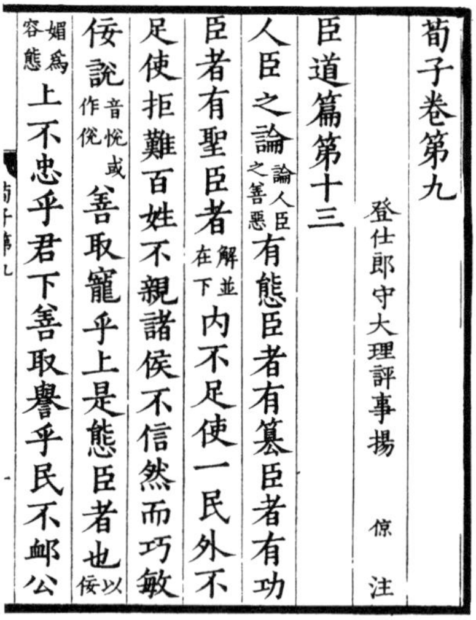
荀子卷第九
登仕郎守大理評事楊　倞　注
臣道篇第十三
人臣之論論人臣之善惡有態臣者有篡臣者有功
臣者有聖臣者並解在下内不足使一民外不
足使拒難百姓不親諸侯不信然而巧敏
佞説音悦或作侻善取寵乎上是態臣者也以佞
媚爲容態上不忠乎君下善取譽乎民不卹公

《荀子·臣道》书影

之人是谄谀之人，是苟容曲从之人，是国贼。

《吕氏春秋·慎大》说夏桀无道，欺压人民，民众积怨日久，商汤与伊尹盟，“以示必灭夏”。当兴师伐桀的时机来临时，商遇大旱，商汤为了践行承诺，仍然兴兵诛桀，“此之谓至公，此之谓至安，此之谓至信。尽行伊尹之盟，不避旱殃，祖伊尹世世享商”。《吕氏春秋》之所以赞扬汤放桀也是“至公”，就在于商汤兴兵诛暴乱，不是为了自身利益，而是为了解民于倒悬。

孔子说：“以直报怨，以德报德。”（《论语·宪问》）孔子之所以反对“以德报怨”，就是因为“以德报怨”混淆了是非观，因此是不正直的行为，而“以直报怨”对事不对人，仇人若做的是正确的事情，仍然应该支持。孔子说“君子周而不比，小人比而不周”（《论语·为政》），“君子矜而不争，群而不党”（《论语·卫灵公》），“三代之所以直道而行也”（《论语·卫灵公》），正是坚持正直的原则，故而只论是非不问朋党。

虽然正直即公正，但有些时候，直与正直无关，更与公正无关。《论语·卫灵公》载子张问行，孔子回答说：

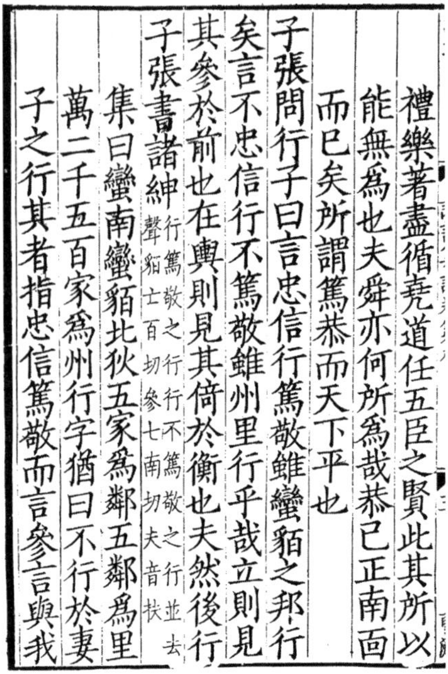

禮樂著盡循堯道任五臣之賢此其所以
能無爲也夫舜亦何所爲哉恭己正南面
而已矣所謂篤恭而天下平也
子張問行子曰言忠信行篤敬雖蠻貊之邦行
矣言不忠信行不篤敬雖州里行乎哉立則見
其參於前也在輿則見其倚於衡也夫然後行
子張書諸紳行篤敬之行行不篤敬之行並去聲貊亡百切參七南切夫音扶
集曰蠻南蠻貊北狄五家爲鄰五鄰爲里
萬二千五百家爲州行字猶曰不行於妻
子之行其者指忠信篤敬而言參言與我

《论语·卫灵公》书影(“言忠信”)

“言忠信,行笃敬,虽蛮貊之邦行矣。言不忠信,行不笃敬,虽州里行乎哉?”言忠信、行笃敬就是“直”,言不忠信、行不笃敬就是“枉”。孔子认为,言忠信、行笃敬是人类的普世价值,以此行遍天下可以无往而不胜,言不忠信、行不笃敬,即使在乡党州里,也是会被人唾弃的。

《荀子·子道》说:“入孝出弟,人之小行也;上顺下笃,人之中行也;从道不从君,从义不从父,人之大行也。”领导人应该全心全意为人民服务,因此,领导人不能因亲情而徇私枉法。人民是国之根本,因此,群众不能因为奉承领导的意志而罔顾亲情。《论语·子路》载,叶公对孔子说:“吾党有直躬者,其父攘羊,而子证之。”孔子回答说：“吾党之直者异于是，父为子隐，子为父隐。直在其中矣。”攘羊固然不对，儿子应该对父亲的过错有所谏诤。但是，如果屈从君主之势而举报父亲，无疑是违背人伦礼义的事情，也是不合于忠信、笃敬之道的。孔子说：“直而无礼则绞。”（《论语·泰伯》）“绞”本指两根绳子纠结在一起，此处应通

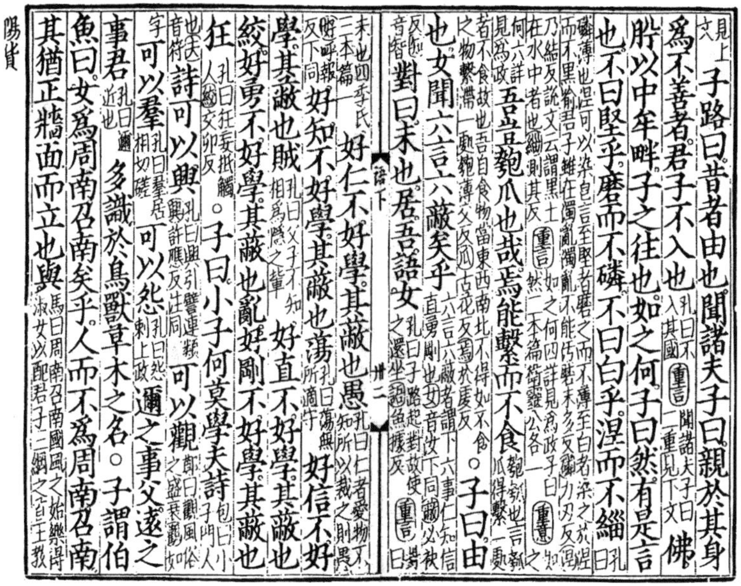

《论语·阳货》书影（“六言六蔽”）

“校”，也可写作“挍”，计较之意。孔子反对“绞”，就是为了把直纳入到公正的轨道上来。

公正的修养需要不断学习与历练。《论语·阳货》载孔子说“六言六蔽”，其中有“好直不好学，其蔽也绞”，又载子贡“恶讦以为直者”，“讦”指刻薄，发人阴私。《论语·泰伯》载孔子说：“狂而不直，侗而不愿，悾悾而不信，吾不知之矣。”悾悾，旧注以为是“诚实”之貌，实当以“无知”解。一个人狂妄而不正直，年轻而不一心向学，无知且不诚实，就无可救药了。

立斬誣告

法 治

法治即以法治国，其内容包括法律至上，颁布宪法，以法律保障公民的自由权利，法律面前人人平等，依法行政，不滥用权力，文明执法，公正执法等等。法治与“专制”相对应。卢梭《社会契约论·论法律》说：“凡是实行法治的国家——无论它的行政形式如何——我就称之为共和国；因为

卢梭像

惟有在这里才是公共利益在统治着,公共事务才是作数的。”又说:“一切合法的政府都是共和制的。”自戊戌变法以来,中国人民一致致力于建设一个法治国家。社会主义核心价值观包含有“法治”内容,正是为共和制政体“正名”的必然选择。

“法”本写作“灋”,省为“法”。《说文》说:“灋,刑也。平直如水。廌,所以触不直者,去之。从去。”法的本义是刑罚之意,而公正是其基本特征,所以以水之平比喻其基本价值。廌即獬豸,是能分辨善恶的神兽。《尚书·舜典》有典刑、五刑、官刑、教刑、赎刑等,夏朝有

獬豸

禹刑，商朝有汤刑，周朝有吕刑。《尚书·吕刑》说："惟作五虐之刑曰法。"刑即法。《尔雅·释诂》说法、刑、律皆常也，又说刑、宪、律皆法也。商鞅变法，称法为律，嗣后，有秦律、汉律、魏律、晋律、隋律、唐律、明律、清律，宋称刑统，元称典章。《管子·七臣七主》说："法律政令者，吏民规矩绳墨也。"《庄子·徐无鬼》有"法律之士"一词，《管子·七法》说："论功计劳，未尝失法律也。""法律"连用，最晚出现在战国时期。

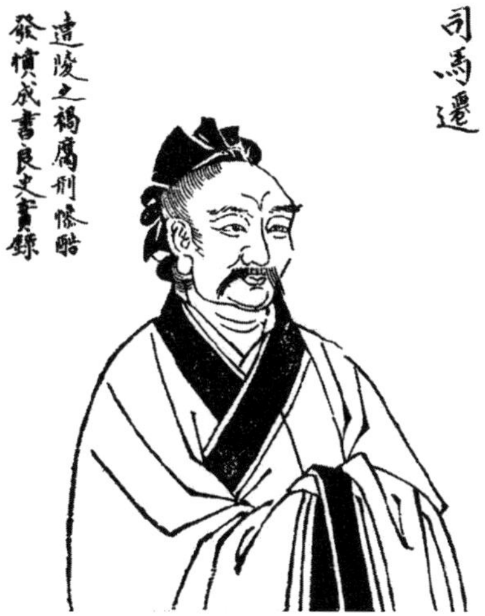

桓宽《盐铁论·诏圣》："法者刑罚也，所以禁强暴也。"刑罚就是惩处犯罪，这说明中国早期的"法"其内容相当于今日之刑法。在原始儒家的思想体系中，礼即今日之"法"。《史记·太史公自序》说："夫礼禁未然之前，法施已然之后。"

礼是调节君臣、父子、兄弟、夫妇、制度、田里的有关权力和义务的法度。在现存早期传世文献中,《周礼》可以说是组织法,《仪礼》是实体法和程序法,《礼记》在实体法和程序法之外,还有关于立法原则的论述,包含有现在《宪法》等根本法的气象。《大戴礼记·本命》云:“妇有七去:不顺父母去,无子去,淫去,妒去,有恶疾去,多言去,窃盗去。不顺父母去,为其逆德也;无子,为其绝世也;淫,为其乱族也;妒,为其乱家也;有恶疾,为其不可与共粢盛也;口多言,为其离亲也;盗窃,为其反义也。”又云:“妇有三不去:有所取无所归,不去;与更三年丧,不去;前贫贱后富贵,不去。”这是典型的实体法的例子,既规定了夫妻仳离的七个要件,又规定了三种不可以仳离的要件。又《礼记·曲礼上》有“侍食于长者”的规定,具体而微,甚至有“毋咤食”的规定,即食不出声。

由于礼与法的密切联系,因此,“礼法”经常连接在一起。《周礼·春官宗伯》有“礼法”一词,《庄子·天道》有“礼法数度”,《列子·周穆王》说“礼法相持”,

《荀子·修身》说："故非礼，是无法也。"《荀子·王霸》说："出若入若，天下莫不平均，莫不治辨，是百王之所同也，而礼法之大分也。""礼法"联系在一起，所要表达的意思，正与今日所言法律接近。

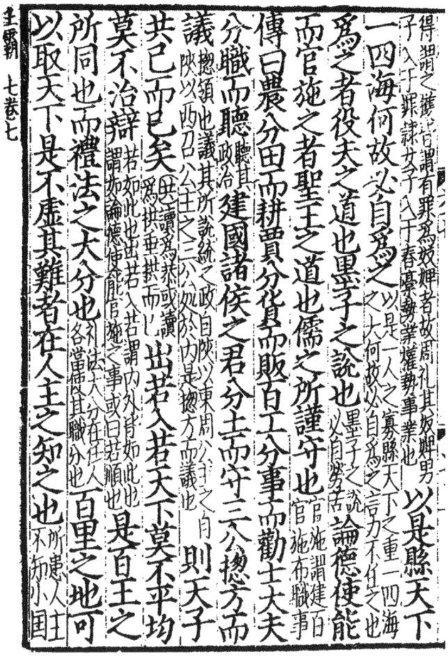

得謂之獲皆謂有罪爲奴婢者故周礼其奴男子入于罪隸女子入于舂稾埶業擁埶事業也 以是縣天下
一四海何故必自爲之 以是一人之寡縣天下之重一四海之大何故必自爲之言力不任之也
爲之者役夫之道也墨子之說也 墨子之說以自勞苦 論德使能
而官施之者聖王之道也儒之所謹守也 官施謂建百官施布職事
傳曰農分田而耕賈分貨而販百工分事而勸士大夫
分職而聽 聽其政治 建國諸侯之君分土而守三公揔方而
議 揔領也議其所統之政自陝以東周公主之自陝以西召公主之三公处於內是揔方而議也 則天子
共己而已矣 共讀爲恭或讀爲拱垂拱而已 出若入若天下莫不平均
莫不治辯 若如此也出若入若謂內外皆如此也謂如論德使能官施之事或曰若順也 是百王之
所同也而禮法之大分也 禮法之大分在任人各當其職分也 百里之地可
以取天下是不虛其難者在人主之知之也 所患人主不知小國

王霸 七卷七

《荀子·王霸》书影（"出若入若"）

战国时期的法家是最强调法的重要性的流派，代表人物有李悝、商鞅、申不害、慎到、韩非子等。李悝强调君主集权和重刑而轻罪。商鞅主张明法、胜法、严刑。明法就是让群众知晓法律，胜法强调法律的重要性，严刑即轻罪重刑。申不害强调用术推行司法，慎到强调以势强化法的执行，韩非子则倡导法、术、势相结合的方针。《韩非子·有度》说："刑过不避大臣，赏善不遗匹夫。"《内储说上》又说："使吾法之无赦，犹入涧之必死也，则人莫之敢犯也。"法家虽然重视法，也强调法律面前人人平等、强调法律严肃性，但其出发点在维护君主专制，因此从根本上说，法家关于严刑峻法的观点是社会逆流，是反法治的。《慎子·威德》说："法虽不善，犹愈于无法，所以一人心也。"这明显是为恶法辩护。《汉书·五行志》说"商君之法，弃灰于道者，黥"，《刑法志》又说商鞅有连坐之法，造参夷之诛。参夷就是夷三族。商鞅还增加了肉刑、大辟、凿颠、抽肋、镬烹之刑。《史记·商君列传》说商鞅强制告奸，"不告奸者腰斩"，这样一来，百姓人人自危，互为仇寇。韩非子认为君主可以不用顾忌程序正义，使用如人质、禁锢、特务、间谍、监视、暗杀等活动来实现独尊的目的。《韩非子·六反》说："用法之相忍，而弃仁义之相怜也。""君不仁，臣不忠，则可以霸王矣。”孔子说：“君子固穷，小人穷斯滥矣。”（《论语·卫灵公》）“鄙夫可与事君也与哉？其未得之也，患得之；既得之，患失之；苟患失之，无所不至矣。”（《论语·阳货》）儒家坚守仁政底线，不因穷达而改变。而

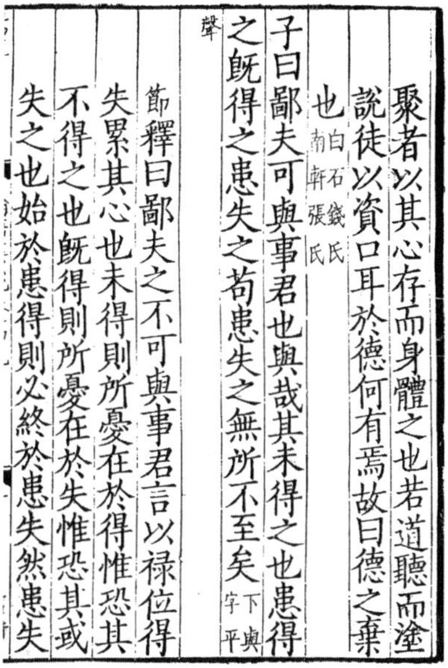
聚者以其心存而身體之也若道聽而塗
說徒以資口耳於德何有焉故曰德之棄
也白石錢氏南軒張氏
子曰鄙夫可與事君也與哉其未得之也患得
之既得之患失之苟患失之無所不至矣下與字平
聲
節釋曰鄙夫之不可與事君言以祿位得
失累其心也未得則所憂在於得惟恐其
不得之也既得則所憂在於失惟恐其或
失之也始於患得則必終於患失然患失

《论语·阳货》书影
（“鄙夫可与事君也与哉”）

如商鞅、李斯之流，为了功名富贵而突破价值底线，窥伺君主的需要，投其所好，其负面影响是难以估量的。《汉书·艺文志》说法家“无教化，去仁爱，专任刑法而欲致治，至于残害至亲，伤恩薄厚”，司马谈《论六家要旨》说“法家严而少恩”，《隋书·经籍志》说法家“杜哀

矜，绝仁爱，欲以威劫为化，残忍为治，乃至伤恩害亲”，这些对法家的批评，无疑都是正确的。

孔子及原始儒家的法治思想，与现代法治观念是高度一致的。在立法原则上强调为民的宗旨，强调制定善法。孔子说：“天下有道，则礼乐征伐自天子出。”(《论语 · 季氏》)这是强调法律的普遍性原则。

卑彩章各異於彼傳具之天命有德使之居位命有貴賤之倫位有上下之異不得行不立名以此等之象物以彰之先王制爲五服所以表貴賤也服有等差所以别尊卑也天聰明自我民聰明傳言天因民而降之福民所歸者天命之天視聽人君之行用民爲聰明天明畏自我民明威傳天明可畏亦用民成其威民所叛者天討之是天明可畏之效○畏如字徐音威馬本作威達于上下敬哉有土傳言天所賞罰惟善惡所在不避貴賤有土之君不可不敬懼皋陶曰朕言惠可底行傳其所陳九德以下之言順於古道可致行禹曰俞乃言底可績傳然其所陳從

《尚书 · 皋陶谟》书影
(“天聪明自我民聪明”)

《管子 · 七臣七主》说：“夫矩不正，不可以求方；绳不信，不可以求直。法令者，君臣之所共立也。”法律是君臣共立，《易传》坤卦象辞说：“君子以厚德载物。”《易传》坤文言说：“积善之家必有余庆，积不善之家必有余殃。”

《尚书 · 舜典》说：“钦哉，钦哉，惟刑之恤哉！”《尚书 · 大禹谟》载皋陶说：“帝德罔愆，临下以简，御众以宽；罚弗及嗣，赏延于世。宥过无大，刑故无小；罪疑惟轻，功疑惟重；与其杀不辜，宁失不经；好生之德，洽于民心，兹用不犯于有司。”《尚书·皋陶谟》载皋陶说：“天聪明，自我民聪明。天明畏，自我民明威。”《论语·八佾》载孔子说：“尽善尽美。”又说：“人而不仁，如礼何？”《礼记·大学》说：“至于至善。”《孟子·公孙丑上》说：“故君子莫大乎与人为善。”制定善法就是要体现仁心，执法时体现宽容，面临疑惑时不进行有罪推定。桓宽《盐铁论》说：“法者，缘人情而制，非设罪以陷人也。故《春秋》之治狱，论心定罪。”春秋决狱，原情定罪，也是为了最大限度地保证刑罚的善意。《史记·孝文帝本纪》载孝文帝下诏废除连坐之律，就体现了建立善法的宗旨。

有了善法，就要依法治国。《尚书·舜典》虞舜对皋陶说：“汝作士……惟明克允！”士即法官，明允即公正。《史记·五帝本纪》载“皋陶为大理，平，民各伏得其实”。孔子说：“名不正，则言不顺；言不顺，则事不成；事不成，则礼乐不兴；礼乐不兴，则刑罚不中；刑罚

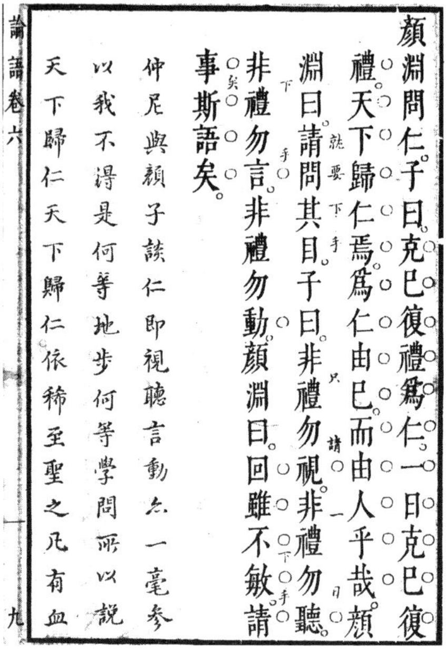

論語卷六

顏淵問仁。子曰。克己復禮爲仁。一日克己復禮。天下歸仁焉。爲仁由己。而由人乎哉。顏淵曰。請問其目。子曰。非禮勿視。非禮勿聽。非禮勿言。非禮勿動。顏淵曰。回雖不敏。請事斯語矣。

仲尼與顏子談仁即視聽言動亦一毫參以我不得是何等地步何等學問所以說天下歸仁天下歸仁依稀至聖之凡有血

九

《论语·颜渊》书影（“克己复礼为仁”）

不中，则民无所措手足。”（《论语·子路》）孔子“正名”是为了纠正礼崩乐坏的体制下法律严肃性所面临的挑战。正名，关系礼乐之兴、刑罚之中，而最终落实到使民可“措手足”，即让人民有规矩可依之目的。《论语·颜渊》载，颜渊问仁，孔子说：“克己复礼为仁。一日克己复礼，天下归仁焉。为仁由己，而由人乎哉？”又说：“非礼勿视，非礼勿听，非礼勿言，非礼勿动。”领导人应该克制自己专制的冲动，一切言行都应该控制在法律规定的范围内。《史记·张释之传》载廷尉张释之坚持只判惊动汉文帝所乘舆马路人罚金，判盗汉高祖庙座前玉环的人“盗宗庙服御物者”罪，而不听汉文帝要求重判的指示，就体现了坚持以法律为准绳的司法底线。桓宽《盐铁论·刑德》说：“执法者国之辔衔，刑罚者国之维楫也。故辔衔不饬，虽王良不能以致远；维楫不设，虽良工不能以绝水。”善法需要善良的执法者去实施，才能释放出善意来。

《尚书·大禹谟》说：“刑期于无刑。”孔子反对季康子“杀无道”之说：“子为政，焉用杀？子欲善而民善矣。君子之德风，小人之德草，草上之风，必偃。”（《论语·颜渊》）又说：“不教而杀谓之虐，不戒视成谓之

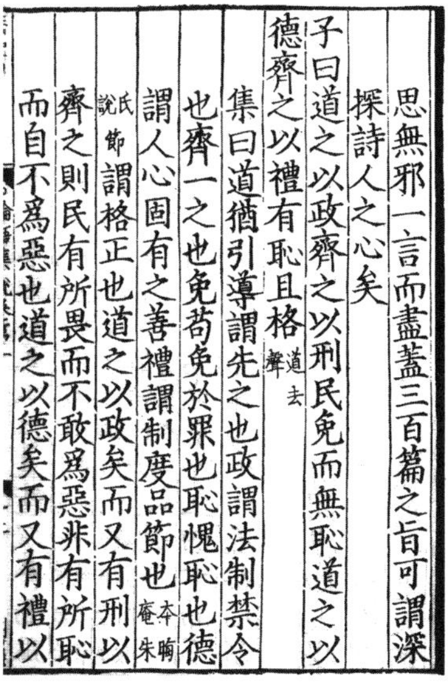
思無邪一言而盡蓋三百篇之旨可謂深
探詩人之心矣
子曰道之以政齊之以刑民免而無恥道之以
德齊之以禮有恥且格道去聲
集曰道猶引導謂先之也政謂法制禁令
也齊一之也免苟免於罪也恥愧恥也德
謂人心固有之善禮謂制度品節也本朱晦庵
氏節說謂格正也道之以政矣而又有刑以
齊之則民有所畏而不敢爲惡非有所恥
而自不爲惡也道之以德矣而又有禮以

《论语·为政》书影（“道之以政”）

暴，慢令致期谓之贼。”(《论语·尧曰》)不教而杀，不戒视成，慢令致期，都是残害人民的行为。

孔子说：“夫民，教之以德，齐之以礼，则民有格心；教之以政，齐之以刑，则民有遁心。故君民者，子以爱之，则民亲之；信以结之，则民不倍；恭以莅之，则民有孙心。”(《礼记·缁衣》)“道之以政，齐之以刑，民免而无耻。道之以德，齐之以礼，有耻且格。”(《论语·为政》)孔子认为只有以德执政，以礼教化，人民才会知道荣辱。反之，人民虽然畏惧于刑罚，却不知是非。《道德经·德经》说：“民不畏死，奈何以死惧之?”《管子·立政九败》说：“然则礼义廉耻不立，人君无以自守也。”《文子·下德》说：“礼义廉耻不设，万民莫不相侵暴虐。”这些论述，说的都是不知礼义教化的危害性。

在迫不得已用刑罚的时候，孔子强调省刑罚和法律面前人人平等。孔子说：“恭则不侮，宽则得众，信则人任焉，敏则有功，惠则足以使人。”(《论语·阳货》)孔子赞扬西周成、康之世“威厉而不试，刑错而不用”，批评当世的“乱其教，繁其刑，使民迷惑而陷焉，又从而制之，故刑弥繁而盗不胜也”（《孔子家语·始诛》）。《礼记·曲礼上》说：“礼不下庶人，刑不上大夫。”即礼不贬平民，刑不尊大夫，汤武革命，即是明证。《汉书·司马迁传》说“此言士节不可不厉也”，孔子认为大夫理应以身作则遵守法律，如果犯罪，自裁是唯一选择。而庶人未受教化，不应该被强求以礼。（《孔子家语·五刑》）

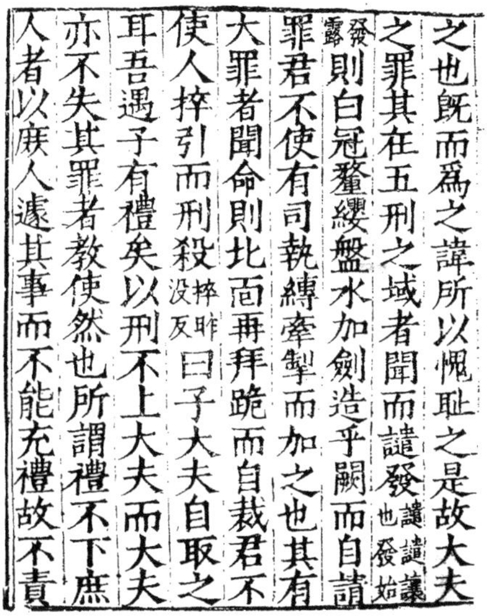
之也既而爲之諱所以愧耻之是故大夫之罪其在五刑之域者聞而譴發譴譴讓也發始發露則白冠釐纓盤水加劍造乎闕而自請罪君不使有司執縛牽掣而加之也其有大罪者聞命則北面再拜跪而自裁君不使人捽引而刑殺捽昨没反曰子大夫自取之耳吾遇子有禮矣以刑不上大夫而大夫亦不失其罪者教使然也所謂禮不下庶人者以庶人遽其事而不能充禮故不責

《孔子家语·五刑》书影

孔子也强调程序正义的重要性。《论语·泰伯》

载孔子说:“立于礼。”即一切行为都应该按照制度来实施。《论语·子罕》载孔子说:“可与共学,未可与适道;可与适道,未可与立;可与立,未可与权。”“可与立”即立于礼,就是要保证追求道的过程的正义性。

现代法律概念包含有权利和义务两种,法律体现了意志的普遍性和对象的普遍性,即法律体现全体国民的意志,适用于全体国民。而孔子及原始儒家的法治思想,大体涵括了以上内容。今天如果偏颇地强调法律的阶级性和严刑峻法,必然撕裂中国社会共识,违背法律普遍性原则,难免与依法治国的基本精神背道而驰。

戡定亂畧

爱 国

“爱国”即爱自己的祖国，是对自己所生活的国家的人民、文化、习俗的一种依恋和认同的感情。爱国是民族主义感情的一部分，是建立在对自己生活的大大小小的共同体认同的基础上的。《共产党宣言》说：“有人还责备共产党人，说他们要取消祖国，取消民族。无产阶级没有祖国。决不能剥夺他们所没有的

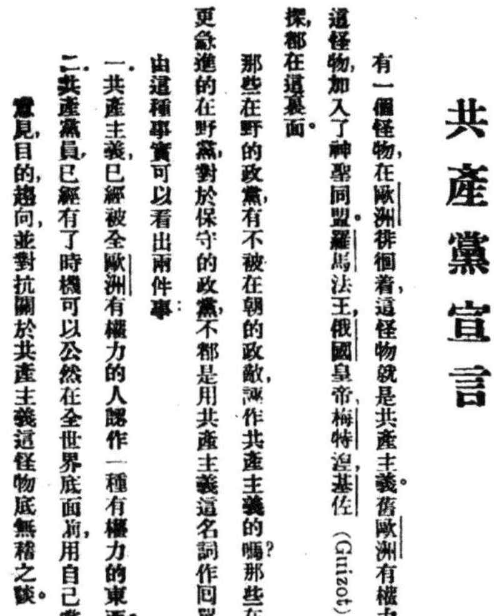

共產黨宣言

有一個怪物在歐洲徘徊着，這怪物就是共產主義。舊歐洲有權力的人都因為要驅除這怪物，加入了神聖同盟。羅馬法王，俄國皇帝，梅特涅，基佐（Guizot）法國急進黨，德國偵探，都在這裏面。

那些在野的政黨，有不被在朝的政敵，誣作共產主義的嗎？那些在野的政黨，對於其他更急進的在野黨，對於保守的政黨，不都是用共產主義這名詞作回罵的套語嗎？

由這種事實可以看出兩件事：

一、共產主義，已經被全歐洲有權力的人認作一種有權力的東西。

二、共產黨員，已經有了時機可以公然在全世界底面前，用自己黨底宣言發表自己的意見，目的，趨向，並對抗關於共產主義這怪物底無稽之談。

东西。”马克思的意思是说资产阶级主导的社会是不公平的社会，因此，无产阶级不负有“爱国”的责任。也就是说，“爱国”只有建立在国家是全体人民平等共有的基础上才有意义。

梁启超《爱国论》说：“国者何？积民而成也。国政者何？民自治其事也。爱国者何？民自爱其身也。故民权兴则国权立，民权灭则国权亡。为君相者务压民之权，是之谓自弃其国。为民者而不务各伸其权，是之谓自弃其身。故言爱国必自兴民权始。”爱国必须以民权的保证为前提。英国思想家洛克在《论宗教宽容》中说：“在我看来，国家是由人们组成的一个社会，人们组成这个社会仅仅是为了谋求、维护和增进公民们自己的利益。”这些论述，都强调国家必须是一些具有共同利益诉求的人的共同体。

从严格意义上说，共产党人应该以实现共产主义为目标，而共产主义者应该体现的是国际主义精神。以“爱国”为社会主义核心价值观之一，体现了民族性情怀和世界性立场相结合的价值观。

在中国传统文化形成的轴心时代，中国人的理想社会形态是“大同”世界。《礼记 · 礼运》说：“大道之行也，天下为公。”大同时代，人无私心私利，也无有国家，自然不需要产生“爱国”观念。《道德经》说“小国寡民”时期，人民“甘其食，美其服，安其居，乐其俗，邻国相望，鸡狗之声相闻，民至老死不相往来”；《庄子 · 胠箧》说容成氏、大庭氏、伯皇氏、中央氏、栗陆氏、骊畜氏、轩辕氏、赫胥氏、尊卢氏、祝融氏、伏牺氏、神农氏等“至德之世”，“民结绳而用之，甘其食，美其服，乐其俗，安其居，邻国相望，鸡狗之音相闻，民至老死而不相往来。若此之时，则至治

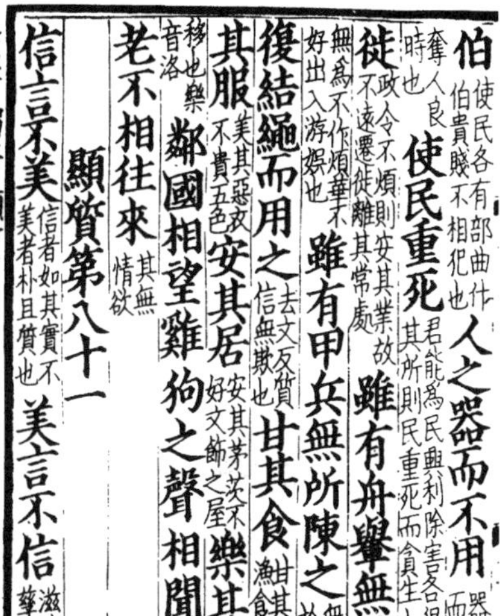
伯使民各有部曲什伯貴賤不相犯也人之器而不用器謂農人之器而不用不徵召
奪人良時也使民重死君能為民興利除害各得其所則民重死而貪生也而不遠
徙政令不煩則安其業故不遠遷徙離其常處雖有舟轝無所乘之清靜
無為不作煩華不好出入游娛也雖有甲兵無所陳之無怨惡於天下使民
復結繩而用之去文反質信無欺也甘其食甘其蔬食不漁食百姓也美
其服美其惡衣不貴五色安其居安其茅茨不好文飾之屋樂其俗樂其質朴之俗不轉
移也樂音洛鄰國相望雞狗之聲相聞相去近也民至
老不相往來其無情欲

顯質第八十一

信言不美信者如其實不美者朴且質也美言不信滋美之言者孳孳華詞不信者

任契 獨立 顯質

《道德经》书影（“甘其食”）

已”。道家思想家尽管提及“小国”、“国”之名，但其所言的时期人与人之间不发生利害关系，实际上不会有“国家”的概念。

《战国策·西周》载：“秦令樗里疾以车百乘入周，周君迎之以卒，甚敬。楚王怒，让周，以其重秦客。游腾谓楚王曰：‘昔智伯欲伐厹由，遗之大钟，载以广车，因随入以兵，厹由卒亡，无备故也。桓公伐蔡也，号言伐楚，其实袭蔡。今秦者，虎狼之国也，兼有吞周之意，使樗里疾以车百乘入周，周君惧焉，以蔡、厹由戒之。故使长兵在前，强弩在后，名曰卫疾，而实囚之也。周君岂能无爱国哉？恐一日之亡国，而忧大王。’楚王乃悦。”这是传世文献中最早出现“爱国”一词的地方。“周君岂能无爱国哉”的主体是西周君，而西周君之所以“爱国”，是因为西周是他自己的领地。

《易传·系辞上》说：“是故《易》有太极，是生两仪。”《易传·序卦》说：“有天地然后有万物，有万物然后有男女，有男女然后有夫妇，有夫妇然后有父子，有父子然后有君臣，有君臣然后有上下，有上下然后礼义有所错。”太极时期无中生有，产生了阴阳、天地，然后依次有万物、人类、父子、君臣、礼义。《礼记·礼运》说：“今大道既隐，天下为家。”中国早期国家观念的产生，是伴随着“天下为家”的社会退化过程的。

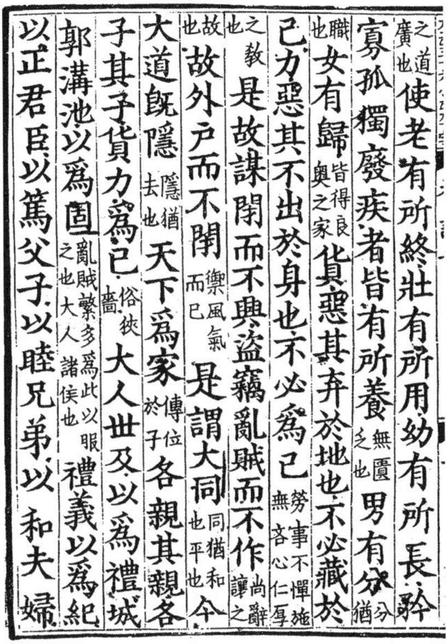

之道廣也 使老有所終，壯有所用，幼有所長，矜寡孤獨廢疾者皆有所養 無匱之也 男有分 分猶職也 女有歸 皆得良奧之家 貨惡其弃於地也，不必藏於己；力惡其不出於身也，不必爲己 勞事不憚，施無吝心，仁厚之教也 是故謀閉而不興，盜竊亂賊而不作 尚辭讓之故也 故外户而不閉 御風氣而已 是謂大同 同猶和也，平也 今大道既隱 隱猶去也 天下爲家 傳位於子 各親其親，各子其子，貨力爲己 俗狹嗇 大人世及以爲禮，城郭溝池以爲固 亂賊繁多，爲此以服之也。大人，諸侯也 禮義以爲紀，以正君臣，以篤父子，以睦兄弟，以和夫婦

《礼记·礼运》书影（“天下为家”）

先秦原始儒家的国家理念，几乎与欧洲近代文明以来的社会契约论观点完全一致。《论语·尧曰》载，尧命舜曰：“天之历数在尔躬，允执其中。四海困穷，天禄永终。”大同时代领导人的责任就是率领国家机器为人民服务，如果领导人不能全心全意为人民服务，也就失去了当领导人的资格。《孟子·尽心下》说：“民为贵，社稷次之，君为轻。是故得乎丘民而为天子，得乎天子为诸

侯,得乎诸侯为大夫。诸侯危社稷,则变置。牺牲既成,粢盛既絜,祭祀以时,然而旱干水溢,则变置社稷。”社稷即国,孟子认为,君主不仁,威胁国家的生存,则应更换君主;如果天降惩罚,民不聊生,则国家就失去了生存的合法性。

周朝的社会制度是“天下为家”的体制,不过周朝早期的领导人却强调他们之所以担任领导职务,就是为了全心全意为人民服务的。荀悦《前汉纪》讨论西周封建制度时,也是着重强调周朝的社会根基在一心为民。荀悦说:“昔者圣王之有天下,非所以自为,所以为民也。不得专其权利,与天下同之,唯义而已,无所私焉。封建诸侯,各世其位,欲使亲民如子,爱国如家。于是为置贤卿大夫,考绩黜陟,使有分土而无分民,而王者总其一统,以御其政。故有暴乱于其国者,则民叛于下,王诛加于上,是以计利虑害,劝赏畏威,各兢其力而无乱心。”这里的“亲民如子”、“爱国如家”,说的是不能脱离人民而谈“爱国”。

周人封建诸侯,以诸侯之领地为“国”,以大夫的领地为“家”，建立了国家制度，但周天子所统领的地域仍为“天下”。保家卫国的责任在士大夫阶层，而平民并不承担拱卫诸侯之国和大夫之家的责任。《左传·庄公十年》载公元前684年，鲁国和齐国之间发生长勺之战，齐强鲁弱，平民曹刿欲为鲁国效力，其乡人阻止，说：“肉食者谋之，又何间焉。”乡人认为战争是鲁国士大夫的事情，与平民无关。

《春秋公羊传·成公十五年》说：“《春秋》内其国而外诸夏，内诸夏而外夷狄。”华夏和夷狄并非种族的区别，而是文明的差异。《史记·秦本纪》说大费子孙“或在中国，或在夷狄”，《史记·历书》说周幽王、周厉王以后畴人子弟分散，“或在诸夏，或在夷狄”，《史记·魏世家》说周同姓毕公

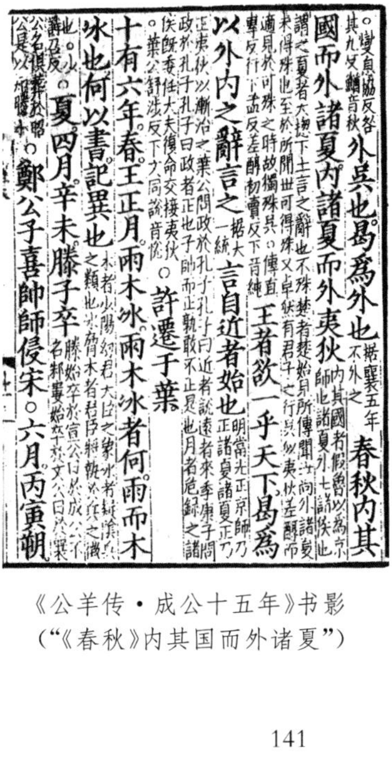
外異也曷為外也 春秋內其國而外諸夏內諸夏而外夷狄 王者欲一乎天下曷為以外內之辭言之 言自近者始也 許遷于葉 十有六年春王正月雨木冰雨木冰者何雨而木冰也何以書記異也 夏四月辛未滕子卒 鄭公子喜帥師侵宋 六月丙寅朔

《公羊传·成公十五年》书影
（“《春秋》内其国而外诸夏”）

高“其后绝封，为庶人，或在中国，或在夷狄”。受周封建并以德治国则为华夏，不受封建则为夷狄。《尚书·商书·说命下》说：“四海之内，咸仰朕德。”《礼记·乐记》说：“敬四海之内。”又说：“四海之内，合敬同爱矣。”《论语·颜渊》说：“四海之内皆兄弟也。”《孟子·滕文公下》说：“苟行王政，四海之内皆举首而望之，欲以为君。”《告子下》又说：“夫苟好善，则四海之内皆将轻千里而来告之以善。”上古圣贤之所以能放眼四海，是与他们胸怀天下苍生的文化情怀联系在一起的。

顾炎武像

中国上古圣贤以天下得治为己任，鞠躬尽瘁，死而后已，因此，我们今天所谓“爱国”，在中国古代，实际上体现为“爱天下”之意。而“爱天下”，就是要尊重文明的成果。顾炎武《日知录·正始》说：“有亡国，有亡天下。亡国与亡天下奚辨？曰：易姓改号，谓之亡国。仁义充塞，而至于率兽食人，人将相食，谓之亡天下。……知保天下然后知保其国。保国者，其君其臣肉食者谋之；保天下者，匹夫之贱与有责焉耳矣。”顾炎武将“亡国”与“亡天下”分别论述，认为“亡国”是家天下君臣自己的事情，而“亡天下”是社会大倒退，是要“率兽食人”，对比一切文明人和向往文明的人都不能置身事外。

从汉初到唐代，学者们都把屈原看作是“正道直行”的忠烈贞洁之士，到了南宋，朱熹则把屈原的情怀和“爱国”结合在一起，寄寓了他对南宋因内忧外患而所面临的文明危机的忧虑。《楚辞集注·序》说屈原有“忠君爱国之诚心”，《楚辞集注·九歌注》说屈原“寄吾忠君爱国眷恋不忘之

屈原行吟图

意”,《楚辞辩证·九歌》说屈原“寄吾区区忠君爱国之意”。屈原关心楚国命运,并坚决地同楚国的君主及权贵等邪恶势力进行不屈不挠的斗争,最终自杀殉国。屈原之“爱国”,当然源于他作为楚国王室成员,是楚国命运共同体的一分子。楚国君臣腐败贪婪,其生死存亡对楚国普通人民来说毫无意义。但是,秦灭楚后的实践说明秦国的统一给中国人民带来了深重灾难。同样,南宋的统治者也多乏善可陈,不过,威胁南宋生存的蒙古人是比秦人更为残酷的侵略者,朱熹无疑早已预见到了南宋灭亡以后中国所面临的人道主义灾难,才赋予了屈原行为全新的意义。

“爱国”建立在民族主义立场上,对某国的“爱”同时也意味着对某国的“不爱”或者“恨”,所以,“爱国”也就极容易走向歧途。马克思认为“国家无非是一个阶级镇压另一个阶级的机器”,因此,如果强调让被压迫者“爱国”,就等于让被压迫者永远无条件地接受压迫而不知反抗。列宁曾经说:“每当一个国家的政治、经济出现重大危机的时候,爱国主义的破旗就又散发出臭味来。”也正因此，只有和正义结合的“爱国”，才是真正的“爱国”。爱国思想与帝国主义、狭隘民族主义、大国沙文主义、专制主义、种族主义等背离人类文明和公平正义的邪恶思想是天然的敌人，如果任由这样的思想披上“爱国”的外衣，贻害无穷，实乃是“害国”了。

王弼注《周易·同人卦》上九曰：“凡处同人而不泰焉，则必用师矣。不能大通，则各私其党而求利焉。楚人亡弓，不能亡楚。爱国愈甚，益为它灾。是以同人不弘刚健之爻，皆至用师也。”孔颖达《周易正义》说：“案《孔子家语·弟子好生篇》云，楚昭王出游，亡乌号之弓，左右请求之。王曰：‘楚人亡弓，楚得之，又何求焉。’孔子闻之曰：‘惜乎！其志不大也。不曰人亡弓，人得之，何必楚也。’昭王名轸，哀六年，吴伐陈，楚救陈，在城父卒，此爱国而致它灾也。引此者，证同人不弘皆至用师矣。”楚昭王以“楚人亡弓而楚得之”体现了楚国财富楚国所有的小共同体境界，而孔子改为“人亡弓而人得之”，则体现了人类大共同体的大同境界。“爱国愈甚，益为它灾”直接与“用师”联系在一

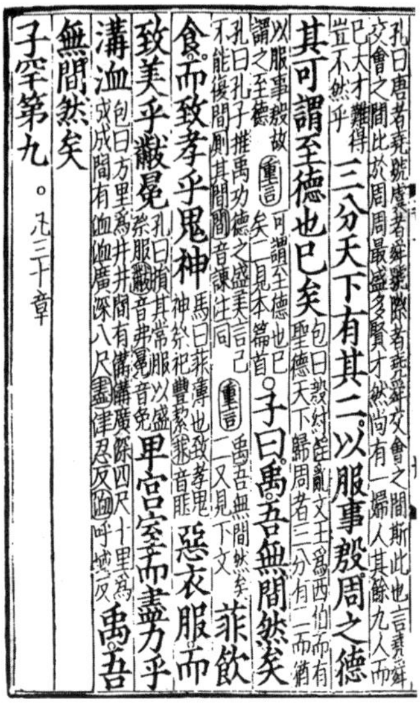
孔曰唐者堯號虞者舜號際者堯舜交會之間斯此也言堯舜交會之間比於周周最盛多賢才然尚有一婦人其餘九人而已大才難得豈不然乎

三分天下有其二以服事殷周之德其可謂至德也已矣

包曰殷紂淫亂文王為西伯而有聖德天下歸周者三分有二而猶以服事殷故謂之至德 重言 可謂至德也已矣二見本篇首

子曰禹吾無間然矣

孔曰孔子推禹功德之盛美言己不能復間廁其間 閒音諫注同 重言 禹吾無間然矣二又見下文

菲飲食而致孝乎鬼神

馬曰菲薄也致孝鬼神祭祀豐絜 菲音匪

惡衣服而致美乎黻冕

孔曰損其常服以盛祭服 黻音弗 冕音免

卑宮室而盡力乎溝洫

包曰方里為井井間有溝溝廣深四尺十里為成成間有洫洫廣深八尺 盡津忍反 洫呼域反

禹吾無間然矣

子罕第九 凡三十章

《论语·泰伯》书影
（“三分天下有其二”）

起，就是为了防止假借“爱国”的旗帜发动侵略战争，破坏和平。《墨子·兼爱上》认为诸侯之攻伐皆由于不相爱，不能“视人国若其国”。《论语·尧曰》说：“兴灭国，继绝世，举逸民，天下之民归心焉。”这是为了反对为一己之私利而兴兵灭国。《论语·泰伯》说：“三分天下有其二，以服事殷，周之德，其可谓至德也已矣。”孔子赞扬周文王，不仅仅因为周文王恪守臣道，而是他不为建立周王朝而兴兵。至商纣王无道已甚，不灭不足以解民于倒悬，所以武王伐纣，则是诛独夫民贼。《孟子·梁惠王下》说：“贼仁者谓之‘贼’，贼义者谓之‘残’。残贼之人，谓之‘一夫’。闻诛一夫纣矣，未闻弑君也。”周文王不灭商，周武王灭商，之所以都体现了“爱国”情怀，就在于他们的出发点都是为了人民利益的最大化。

各執一藝

敬　业

敬业即热爱自己的职业，力求尽最大的努力，把自己的工作做到最好。人类文明的每一次细微进步，几乎都可以说是敬业的果实。以敬业为社会主义核心价值观之一，就是要强调职业无贵贱，无论做什么工作，都应该树立职业的神圣感，在自己的岗位上，牢记责任，发挥创造性，实现自我价值。

《礼记·学记》有“敬业乐群”一句，《朱子语类》卷八十七说：“敬业，是知得此是合当如此做。”朱希旦《礼记集解》引朱熹说：“敬业者，专心致志以事其业也。”梁启超曾著《敬业与乐业》一文，认为“凡做一件事，便忠于一件事，将全副精力集中到这事上头，一点不旁骛，便是敬”，“当大总统是一件事，拉黄包车也是一件事。……只要当大总统的人，信得过我可以当大

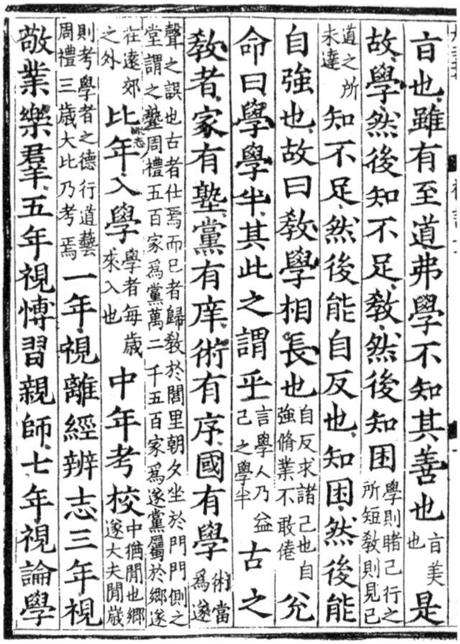
盲也雖有至道弗學不知其善也盲美也是
故學然後知不足教然後知困學則睹己行之所短教則見己
道之所未達知不足然後能自反也知困然後能
自強也故曰教學相長也自反求諸己也自強脩業不敢倦兌
命曰學學半其此之謂乎言學人乃益己之學半古之
教者家有塾黨有庠術有序國有學術當爲遂
聲之誤也古者仕焉而已者歸教於閭里朝夕坐於門門側之堂謂之塾周禮五百家爲黨萬二千五百家爲遂黨屬於鄉遂
在遠郊之外比年入學學者每歲來入也中年考校中猶閒也鄉遂大夫閒歲
則考學者之德行道藝周禮三歲大比乃考焉一年視離經辨志三年視
敬業樂羣五年視博習親師七年視論學

《礼记·学记》书影（“敬业乐群”）

总统才去当，实实在在把总统当作一件正经事来做；拉黄包车的人，信得过我可以拉黄包车才去拉，实实在在把拉车当作一件正经事来做，便是人生合理的生活。这叫做职业的神圣”。梁启超认为，敬业就是把事情做到“圆满”，“凡做一件事，便把这件事看作我的生命”，“我信得过我当木匠的做成一张好桌子，和你们当政治家的建设成一个共和国家同一价值；我信得过我当挑粪的把马桶收拾得干净，和你们当军人的打胜一支压境的敌军同一价值”。

梁启超在论述“敬业”的时候，还把“忠”与“敬”联系在一起，体现了他对孔子及中国优秀传统价值观的深刻把握。《白虎通义》卷三《社稷》说人有“五常之性”，卷九《五经》说五常即仁、义、礼、智、信。五常之中，虽未及“忠”，但五常无一不包含有敬业之义，又尤以“信”最近于“忠”。“忠”是尽己之道，尽己在于恪守诚信。《易传·乾文言》说：“君子进德修业。忠信所以进德也。修辞立其诚，所以居业也。”忠信诚实，即“进德修业”之道，也就是“敬业”。

敬业就是忠于业，信于业。因此，忠信和

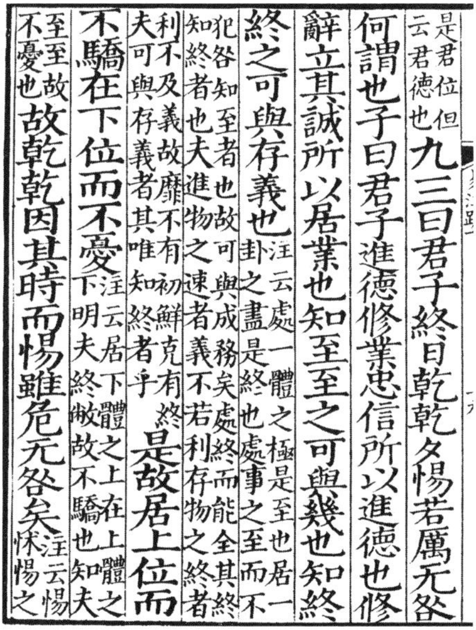
是君位但云君德也九三曰君子終日乾乾夕惕若厲无咎何謂也子曰君子進德修業忠信所以進德也修辭立其誠所以居業也知至至之可與幾也知終終之可與存義也注云處一體之極是至也居一卦之盡是終也處事之至而不犯咎知至者也故可與成務矣處終而能全其終知終者也夫進物之速者義不若利存物之終者利不及義故靡不有初鮮克有終夫可與存義者其唯知終者乎是故居上位而不驕在下位而不憂注云居下體之上在上體之下明夫終敝故不驕也知夫至至故不憂也故乾乾因其時而惕雖危无咎矣注云惕怵惕之

《周易注疏·乾》书影（“君子进德修业”）

“敬”密切关联。《论语·卫灵公》载，子张问行。孔子说：“言忠信，行笃敬，虽蛮貊之邦行矣。言不忠信，行不笃敬，虽州里行乎哉？立，则见其参于前也；在舆，则见其倚于衡也，夫然后行。”“言忠信，行笃敬”互文见义，即说言行应该忠信笃敬，笃敬也即忠信。孔子认为，言行忠信笃敬不仅仅是华夏文明的底线，也是一切人类文明的底线，是具有普适性价值的。任何人都不可须臾违背忠信这一原则，如果违背这一原则，一个人无论在哪里都将寸步难行。

在中国漫长的历史进程中，各行各业都涌现过无数敬业的典范人物。也正因为有无数的敬业人群贡献了智慧和汗水，中华文明才如此灿烂辉煌，并不断延续。

皇甫谧《帝王世纪》记载，黄帝时医药学家岐伯“尝味百草，典医疗疾”，是中医的奠基人，中国人把医术称为“岐黄”或谓“岐黄之术”，就是为了表彰岐伯的杰出贡献。《吴越春秋·阖闾内传》载，春秋时吴国人干将“采五山之铁精，六合之金英”以铸铁剑，三月不

岐伯像

成，其妻莫邪“断发剪爪，投于炉中，使童男童女三百人鼓橐装炭，金铁乃濡，遂以成剑”，最终铸成了名剑“干将”与“莫邪”。因为有干将、莫邪这样的铸剑师，吴国的宝剑才能闻名遐迩。生活在战国早期的鲁国的公输班是中国古代最有名的工匠，被后代从事土木建筑行业的人奉为祖师，他发明了木工所用钻、铲子、刨子、曲尺、墨斗等工具，据《墨子》一书记载鲁班还曾帮助楚国制造云梯，准备用来攻打宋国，后因墨子疾行十日十夜至楚国郢都，才阻止了楚王发动战争。战国中期的神医秦缓博学多师，善于通过望色、听声诊病，并兼长各科，医术炉火纯青，被尊称为神医“扁鹊”。战国末期秦国的李冰在任蜀郡太守时兴修都江堰，两千多年来，一直发挥着重要的防洪和灌溉作用。李冰热爱水利事业，最后在兴修水利工程时病逝。

中国古代的医学家和工程技术人员的敬业故事固然很多，中国古代学者的敬业则表现为严谨笃学、实事求是。《汉书·景十三王传》载：“河间献王德……修学好古，实事求是。”颜师古注“实事求是”云：“务得事实，每求真是也。”即追求真理，不说假话、空话、大话，不文过饰非。《论语·为政》言“知之为知之，不知为不知”，就是讲要实事求是。这一点，以汉代学者最有代表性。汉代学者博习亲师，虚心向学，不受限于年龄、性别、贵贱、贫富。伏生九十余，晁错为大臣，有诏从受《春秋》，两人教与学

郑玄像

都尽心尽力。马融曾从女学者班昭受读《汉书》。郑玄师马融，马融门徒多，郑玄竟然三年见不到老师。郑玄遭党锢之祸，在流亡途中，先后为《礼》、《毛诗》、《论语》、《周易》作注。服虔欲注《春秋》，投崔烈门下，为其门人做饭，以旁听教授。董仲舒治《春秋》，珍惜时间，三年不窥园。匡衡勤学，因生活困难，“庸作”以供资用。夏侯胜与黄霸同系狱当死，黄霸听说夏侯胜长于治《尚书》，从而学之，把生死置之度外。王充家贫，常至书肆阅所卖书。值得注意的是，汉代学者的好学是对学问的执着，而不仅仅是为了求得进身之阶，所以其精神价

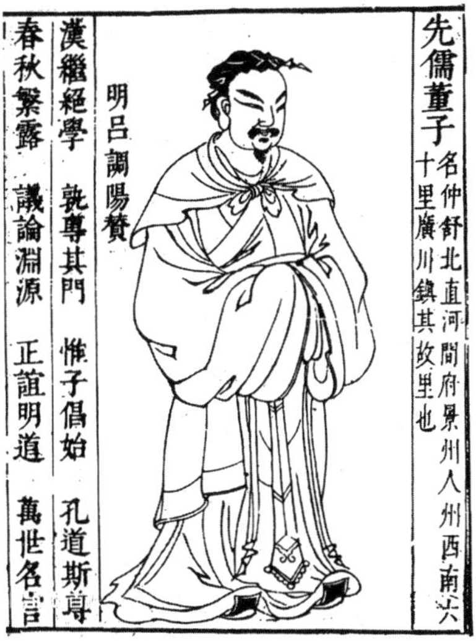

值更是弥足珍贵。

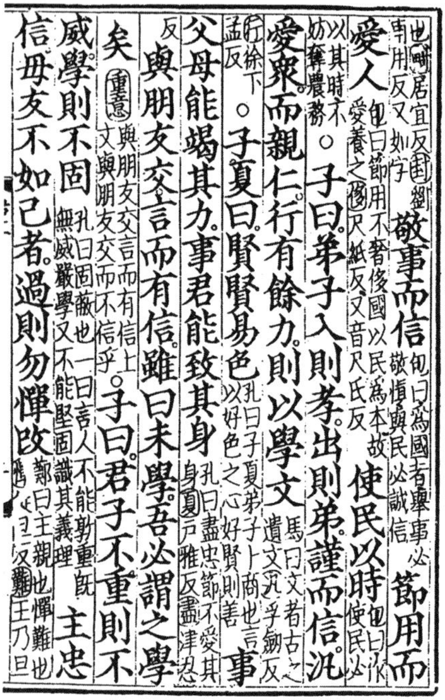
也晦居宜反國劉事用反又如字敬事而信包曰為國者舉事必敬慎與民必誠信節用而
愛人包曰節用不奢侈國以民為本故愛養之使尺紙反又音尺氏反使民以時包曰作使民必
以其時不妨奪農務○子曰弟子入則孝出則弟謹而信汎
愛眾而親仁行有餘力則以學文馬曰文者古之遺文汎孚劍反
行徐下孟反○子夏曰賢賢易色孔曰子夏弟子卜商也言以好色之心好賢則善事
父母能竭其力事君能致其身孔曰盡忠節不愛其身夏戶雅反盡津忍
反與朋友交言而有信雖曰未學吾必謂之學
矣重意與朋友交言而有信上文與朋友交而不信乎○子曰君子不重則不
威學則不固孔曰固蔽也一曰言人不能敦重既無威嚴學又不能堅固識其義理主忠
信毋友不如己者過則勿憚改鄭曰主親也憚難也[illegible]

《论语·学而》书影(“敬事而信”)

《论语·学而》载孔子说:“道千乘之国,敬事而信,节用而爱人,使民以时。”“敬事而信”是孔子对治理国家的主要领导人的要求。因此,敬业不仅仅局限于工农商学兵,国家公务人员更应该成为敬业的典范。

《史记·五帝本纪》载,黄帝见“神农氏世衰,诸侯相侵伐,暴虐百姓”,深感有必要承担社会责任,于是,“天下有不顺者,黄帝从而征之,平者去之,披山通道,未尝宁居”,“迁徙往来无常处,以师兵为营卫”,“举风后、力牧、常先、大鸿以治民”,

“时播百谷草木，淳化鸟兽虫蛾，旁罗日月星辰水波土石金玉，劳勤心力耳目，节用水火材物”。黄帝除暴安良，选贤授能，“劳勤心力”，“未尝宁居”，无疑是五帝时代贤君敬业的典范。

《史记·夏本纪》载，夏禹任治水官，“伤先人父鲧功之不成受诛，乃劳身焦思，居外十三年，过家门不敢入。薄衣食，致孝于鬼神。卑宫室，致费于沟淢”，足迹遍九州，开九山，导九川，终于完成治水大业，而受到人民的拥戴。所谓“声教讫于四海”，“天下于是太平治”。夏禹乃是贤臣敬业的典范。

《论语·为政》载孔子说：“为政以德，譬如北辰，居其所而众星共之。”《论语·颜渊》载子张问政，孔子说：“居之无倦，行之以忠。”季康子问政，孔子说：“政者，正也。子帅以正，孰敢不正？”《论语·子路》载子路问政，孔子说：“先之劳之。”请益，孔子说：“无倦。”孔子认为，领导人的敬业，就是要做到两点：第一，先天下之忧而忧，吃苦在前；第二，坚持不懈地实践吃苦在前的原则。清华大学藏战国竹简有《保训》一篇，是

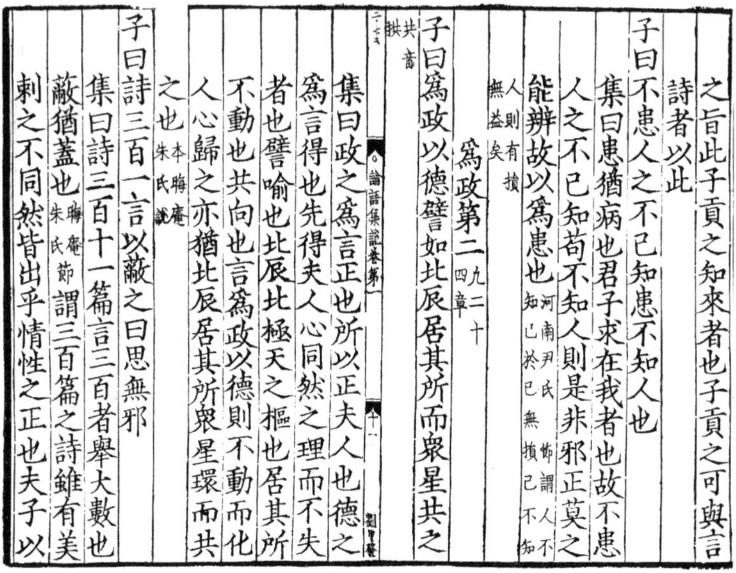
之旨此子貢之知來者也子貢之可與言
詩者以此
子曰不患人之不已知患不知人也
集曰患猶病也君子求在我者也故不患
人之不已知苟不知人則是非邪正莫之
能辨故以爲患也河南尹氏節謂人不知己於己無損己不知人則有損無益矣
爲政第二九二十四章
子曰爲政以德譬如北辰居其所而衆星共之共音拱
論語集說卷第一 十一
集曰政之爲言正也所以正夫人也德之
爲言得也先得夫人心同然之理而不失
者也譬喻也北辰北極天之樞也居其所
不動也共向也言爲政以德則不動而化
人心歸之亦猶北辰居其所衆星環而共
之也本晦庵朱氏說
子曰詩三百一言以蔽之曰思無邪
集曰詩三百十一篇言三百者舉大數也
蔽猶蓋也晦庵朱氏節謂三百篇之詩雖有美
刺之不同然皆出乎情性之正也夫子以

《论语·为政》书影（“为政以德”）

周文王病重后告诫周武王之言，可以说是文王的政治嘱托，其核心内容，一是要武王学习虞舜的身体力行，率先垂范，不违背百姓的意愿；二是要学习舜和商汤五世祖上甲微的谨慎不懈。而这两条，与孔子“先之劳之”和“无倦”之言内含的理念完全契合。

《史记·周本纪》载后稷儿时以种植麻、菽为游戏，而且对种植业颇有心得，认为"麻、菽美"。及为成人，"遂好耕农，相地之宜，宜谷者稼穑焉，民皆法则之"。后稷是一位敬业的农民，更是一位敬业的管理农业生产的农官。《国语·周语一》载后稷之子不窋失官后，自窜于戎、狄之间，"不敢怠业"，"朝夕恪勤，守以敦笃，奉以忠信"。周文王、周武王则"勤恤民隐而除其害"。史载周文王为了国务，"日中昃不暇食"。而周公为了迎接贤人来访，食不及下咽，吐脯于手，揖迎宾客。曹操作诗说："周公吐脯，天下归心。"就是赞扬周公的敬业精神。

《史记·殷本纪》载夏桀无道，"为虐政淫荒"，商汤说："夏氏有罪，予畏上帝，不敢不正。"《史记·周本纪》载商纣王造炮烙之刑来虐民，周文王"乃献洛西之地，以请纣去炮烙之刑"。周武王见商纣王无道已甚，说："殷有重罪，不可以不毕伐。"商汤不忍见百姓受夏桀的迫害，周文王、周武王不忍见百姓受商纣王的迫害，都揭竿而起，讨伐暴君，解民于倒悬，从道不从君，也是大臣敬业的题中之义。

《史记·殷本纪》载，商汤之子“帝太甲既立三年，不明，暴虐，不遵汤法，乱德”，伊尹遂放太甲居桐宫三年，及太甲“悔过自责，反善，于是伊尹乃迎帝太甲而授之政”。《史记·周本纪》载，周成王年少，周公摄政七年，及成王长，“周公反政成王，北面就群臣之位”，并不断告诫成王“能保施小民，不侮鳏寡”，如果“诞淫厥佚，不顾天及民之从也”，那结果就是人民皆可得而诛之。

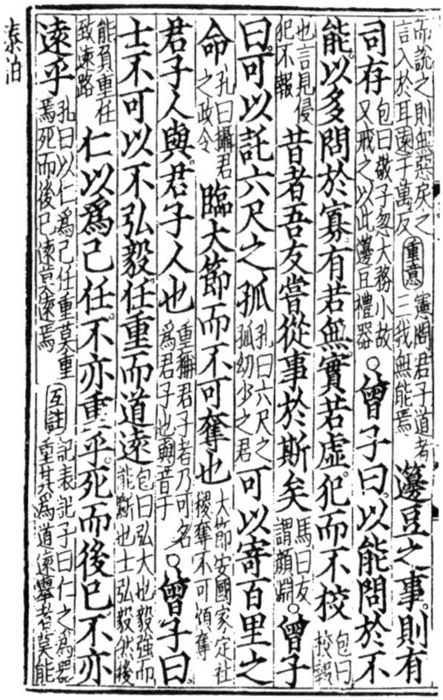
泰伯

帝說之則無惡戾之言入於耳遠于萬反 重意 寔周君子道者三我無能焉 籩豆之事則有司存 包曰敬子忽大務小故又戒之以此籩豆禮器 ○曾子曰以能問於不能以多問於寡有若無實若虛犯而不校 包曰校報也言見侵犯不報 昔者吾友嘗從事於斯矣 馬曰友謂顔淵 ○曾子曰可以託六尺之孤 孔曰六尺之孤幼少之君 可以寄百里之命 孔曰攝君之政令 臨大節而不可奪也 大節安國家定社稷奪不可傾奪 君子人與君子人也 重稱君子者乃可名爲君子也與音余 ○曾子曰士不可以不弘毅任重而道遠 包曰弘大也毅強而能斷也士弘毅然後能負重任致遠路 仁以爲己任不亦重乎死而後已不亦遠乎 孔曰以仁爲己任重莫重焉死而後已遠莫遠焉 互註 記表記子曰仁之爲器重其爲道遠舉者莫能

《论语·泰伯》书影
（“士不可以不弘毅”）

《论语·泰伯》引孔子高足曾子说：“可以托六尺之孤，可以寄百里之命，临大节而不可夺也，君子人与？君子人也！”又说：“士不可以不弘毅，任重而道远。仁以为己任，不亦重乎？死而后已，不亦远乎？”商汤、伊尹、周文王、周武王、周公以天下为己任，除暴安良，同时又不谋私利，受君之托，忠君之事，教育嗣君，不避危难，正体现了敬业的精神。

《晏子春秋·内篇问上》载晏婴说君臣之道：“士逢有道之君，则顺其令；逢无道之君，则争其不义。故君者择臣而使之，臣虽贱，亦得择君而事之。”《史记·管晏列传》说晏婴“既相齐，食不重肉，妾不衣帛。其在朝，君语及之，即危言；语不及之，即危行。国有道，即顺命；无道，即衡命”。晏婴始终不忘宰相的职责，兢兢业业，鞠躬尽瘁，也是敬业。

无论什么职业，敬业都不仅仅是以勤奋为唯一评价标准，而是要求过程的勤奋与目标、与结果恰当联系在一起。孔子要求领导人“敬事而信”之外，还要“节用而爱人，使民以时”，就是说好大喜功、铺张浪费的“折腾”并不是敬业。《论语·雍也》载孔子说“博施于民而能济众”，《论语·宪问》载孔子说“修己以安人”，“修己以安百姓”。一切敬业也都需要用是否“济众”的标准来衡量，不能“安人”，不能“安百姓”，就是

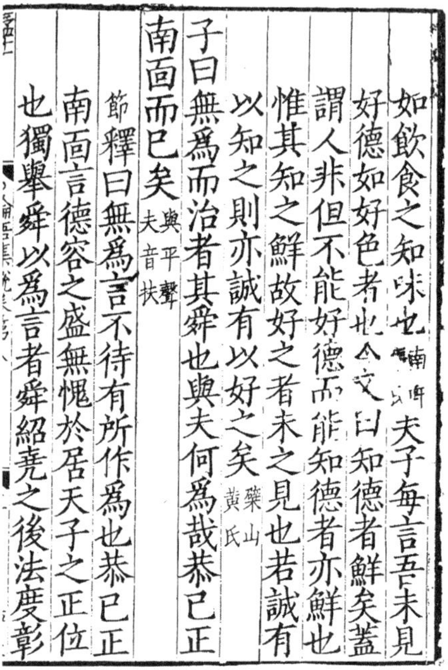
如飲食之知味也南軒[illegible]夫子每言吾未見
好德如好色者也今文曰知德者鮮矣蓋
謂人非但不能好德而不能知德者亦鮮也
惟其知之鮮故好之者未之見也若誠有
以知之則亦誠有以好之矣槩山黄氏
子曰無爲而治者其舜也與夫何爲哉恭己正
南面而已矣與平聲夫音扶
節釋曰無爲言不待有所作爲也恭己正
南面言德容之盛無愧於居天子之正位
也獨舉舜以爲言者舜紹堯之後法度彰

《论语·卫灵公》书影（“无为而治者”）

乱作为。因此，有些时候，“无为”也是一种敬业的态度。《论语·卫灵公》载孔子说：“无为而治者，其舜也与？夫何为哉？恭己正南面而已矣。”《史记·曹相国世家》载，曹参为齐丞相，“问所以安集百姓”，及代萧何为汉相国，“举事无所变更”，选择“重厚长者”为丞相史，不用“言文刻深，欲务声名者”，“见人之有细过，专掩匿覆盖之”。并对汉惠帝说：“法令既明，今陛下垂拱，参等守职，遵而勿失，不亦可乎？”曹参追求法治基础上的“无为”，对我们理解“敬业”的丰富性，无疑有启示意义。

掛劍墓樹

诚 信

《说文解字·言部》说："信，诚也。从人从言，会意。"又说："诚，信也。从言成声。"《尔雅·释诂》说："诚，信也。"《白虎通·情性》说："信者，诚也。专一不移也。"诚信即真诚、诚实、守信。《礼记·中庸》说："诚者，天之道也；诚之者，人之道也。"《孟子·离娄上》说："是故诚者，天之道也。思诚者，人之道也。"诚是天道的特点，而人道以追求诚为目标。

虽然诚、信二字可以互训，不过"诚"的语义侧重点在真诚、诚实，立足于心正与心诚。《朱子语类》卷六《性理三》说："以其实有，故谓之诚。"这是诚实。贾谊《新书·道术》说："志操精果谓之诚，反诚为殆。"志操精果即志操诚信，精即诚，果即信。"信"的语义侧重点则更多强调实践承诺，即注重言与行的统一，其

贾谊像

含义则包含有诚实、守信、信任等。《墨子·经上》说："信，言合于意也。"这是诚实。贾谊《新书·道术》曰："期果言当谓之信，反信为慢。"扬雄《法言·重黎》载，或问信，扬雄回答说："不食其言。"这是守信。《国语·晋语二》说："定身以行事谓之信。"定身即安身。《礼记·经解》曰："民不求其所欲而得之谓之信。"是说领导人急民所急，想民所想，民众不需要刻意追逐，即可得到他们所需要的。这是信任。

《周易·系辞上》说，"人之所助者，信也"，"不言而信，存乎德行"。《周易·乾卦传》说："君子进德修业。忠信，所以进德也；修辞立其诚，所以居业也。”君子进德修业，离不开“诚”、“信”二字。《周易 · 坎卦 · 彖传》说：“行险而不失其信。”即身处险境也不能背离诚信。《周易 · 杂卦》说：“《中孚》，信也。”《中孚》是专门讨论信的卦。《周易 · 序卦》说：“节而信之，故受之以《中孚》。”《中孚卦 · 彖传》曰：“孚，乃化邦也。豚鱼吉，信及豚鱼也。……中孚以利贞，乃应乎天也。”孚即信，信可教化邦国。信以利正，是应乎天道的。

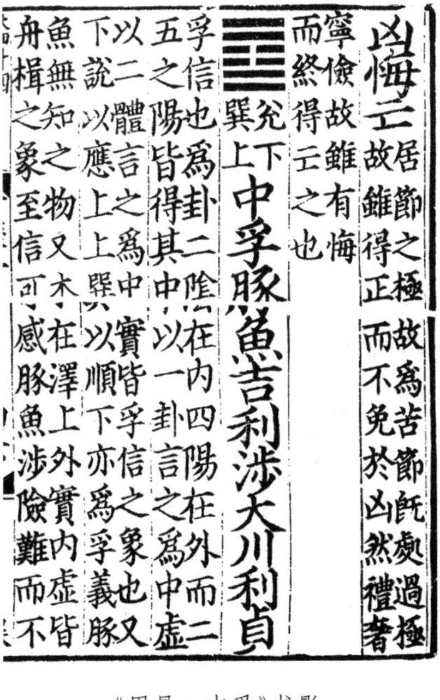
凶悔亡居節之極故爲苦節既處過極故雖得正而不免於凶然禮奢寧儉故雖有悔而終得亡之也

兑下巽上中孚豚魚吉利涉大川利貞孚信也爲卦二陰在內四陽在外而二五之陽皆得其中以一卦言之爲中虛以二體言之爲中實皆孚信之象也又下說以應上上巽以順下亦爲孚義豚魚無知之物又木在澤上外實內虛皆舟楫之象至信可感豚魚涉險難而不

《周易 · 中孚》书影

《孟子 · 离娄上》说：“居下位而不获于上，民不可得而治也。获于上有道，不信于友，弗获于上矣。信于友有道，事亲弗悦，弗信于友矣。悦亲有道，反身不诚，不悦于亲矣。诚身有道，不明乎善，不诚其身矣。……至诚而不动者，未之有也。不诚，未有能动者也。”《礼记·中庸》也有相同的表述，又说：“唯天下至诚，为能经纶天下之大经，立天下之大本，知天地之化育。”诚信是一切人与人、国家与人民、国家与国家相处的基本底线。《论语·卫灵公》载孔子曰：“言忠信，行笃敬，虽蛮貊之邦行矣。言不忠信，行不笃敬，虽州里行乎哉？”笃即诚，即诚实。一个社会只有建立在诚信的基础上，才可能产生人与人、国与民、国与国之间的正常的交流和合作。

诚是发自内心的尊敬。《左传·文公二年》说：“祀，国之大事也。”《左传·成公十三年》说：“国之大事，在祀与戎。”重视祭祀即重视社稷。《尚书·商书·太甲下》说：“鬼神无常享，享于克诚。”《礼记·曲礼上》说：“祷祠祭祀，供给鬼神，非礼不诚不庄。”《礼记·檀弓上》曰丧葬“必诚必信”，《礼记·祭统》说：

“夫祭者，非物自外至者也，自中出生于心也，心怵而奉之以礼。”又说，“是故贤者之祭也，致其诚信与其忠敬”，“身致其诚信。……此祭之道也”。这是说祭祀必须建立在对鬼神的真诚敬仰的基础上，即祭祀必须出于诚心。《论语·八佾》说：“祭如在，祭神如神在。”是说祭祀祖先就好比祖先活着一样，祭祀神祇就像神祇在现场一样，祭祀者应该有发自内心的对祖先和神祇的敬畏。

《周礼·春官宗伯》说：“凡国之大事，治其礼仪。”《礼记·礼器》说君子之于礼“致其敬而诚若，有美而文而诚若”，《礼记·郊特牲》说祭祀要有“贵诚之义也”，“贵诚也”，又说婚礼“币必诚，辞无不腆。告之以直信，信，事人也，信，妇德也”。这些论述，都是强调礼必须出于诚与诚信。《论语·为政》载，子游问孝。孔子说：“今之孝者，是谓能养。至于犬马，皆能有养。不敬，何以别乎？”子夏问孝。孔子说：“色难。有事，弟子服其劳；有酒食，先生馔，曾是以为孝乎？”孔子强调敬与色，就是说孝必须是发自内心的尊敬和热爱。

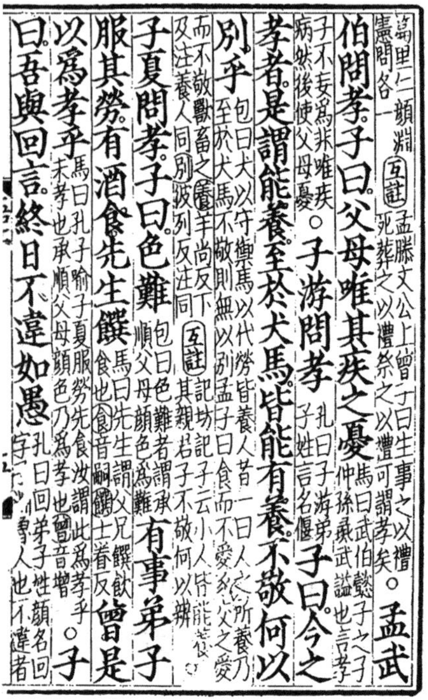
蒐里仁一顏淵憲問各一 互註 孟滕文公上曾子曰生事之以禮死葬之以禮祭之以禮可謂孝矣。孟武伯問孝。子曰：父母唯其疾之憂。馬曰武伯懿子之子仲孫彘武謚也言孝子不妄爲非唯疾病然後使父母憂。○子游問孝。孔曰子游弟子姓言名偃 子曰：今之孝者，是謂能養。至於犬馬，皆能有養。不敬，何以別乎？包曰犬以守禦馬以代勞皆養人者一曰人之所養乃至於犬馬不敬則無以別孟子曰食而不愛豕交之愛而不敬獸畜之 音義 養羊尚反下及注養人同 別彼列反注同 互註 記坊記子云小人皆能養其親君子不敬何以辨○子夏問孝。子曰：色難。包曰色難者謂承順父母顏色乃爲難 有事弟子服其勞。有酒食先生饌。馬曰先生謂父兄饌飲食也 音 饌士眷反 曾是以爲孝乎？馬曰孔子喻子夏服勞先食汝謂此爲孝乎未孝也承順父母顏色乃爲孝也 曾音增 ○子曰：吾與回言，終日不違，如愚。孔曰回弟子姓顏名回字子淵魯人也不違者

《论语·为政》书影（“今之孝者”）

《礼记·大学》说：“古之欲明明德于天下者，先治其国；欲治其国者，先齐其家；欲齐其家者，先修其身；欲修其身者，先正其心；欲正其心者，先诚其意；欲诚其意者，先致其知；致知在格物。物格而后知至，知至而后意诚，意诚而后心正，心正而后身修，身修而后家齐，家齐而后国治，国治而后天下平。”正心、诚意是修身、齐家、治国、平天下的基础。《孟子·尽心上》说：“反身而诚，乐莫大焉。”坚持诚实的德性，是可以给人带来

无限快乐的。《礼记·学记》批评说今之教者“使人不由其诚，教人不尽其材”，不能以诚使人，以诚教人，则必有失败之教育。

孔子教授学生，有文、行、忠、信“四教”，其中的“信”，主要是强调人与人交往的诚实及领导人的守信。《论语·学而》中说，“敬事而信”，“谨而信”，“主忠信”。《论语·公冶长》中说：“朋友信之。”《论语·子路》中说，“上好信，则民莫敢不用情”，“信以成之”。《论语·阳货》

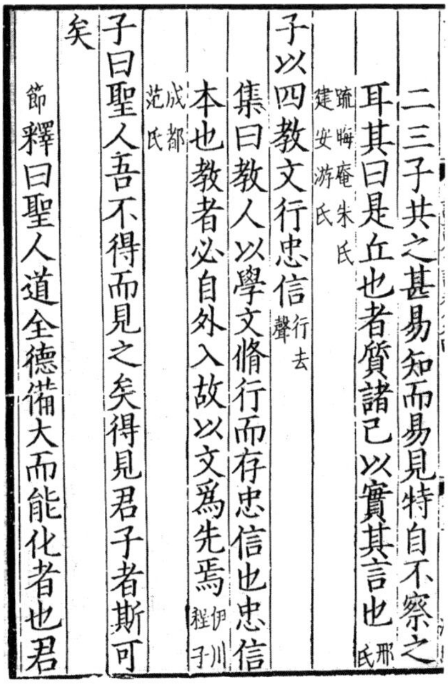
二三子共之甚易知而易見特自不察之
耳其曰是丘也者質諸己以實其言也 邢氏
疏晦菴朱氏 建安游氏
子以四教文行忠信 行去聲
集曰教人以學文脩行而存忠信也忠信
本也教者必自外入故以文爲先焉 伊川程子
成都范氏
子曰聖人吾不得而見之矣得見君子者斯可
矣
節釋曰聖人道全德備大而能化者也君

《论语·述而》书影（“子以四教”）

中说："信则人任焉。"《论语·子张》中说："君子信而后劳其民；未信，则以为厉己也。信而后谏；未信，则以为谤己也。"《论语·尧曰》中说："信则民任焉。"

守信即不欺骗。《论语·为政》载孔子之言："人而无信，不知其可也。大车无輗，小车无軏，其何以行之哉？"輗是牛车上衡和辕连接的销子，軏是马车上轭和辀连接的销子，分别固定在牛和马的脖子上，传导力量至车轴，驱动车轮转动。人而无信，就如牛车没有輗，马车没有軏，寸步难行。《论语·颜渊》载子贡问政于孔子，孔子回答说："足食，足兵，民信之矣。"子贡又问："必不得已而去，于斯三者何先？"孔子回答说："去兵。"子贡又问："必不得已而去，于斯二者何先？"孔子回答说："去食。自古皆有死，民无信不立。"

《左传·僖公二十五年》载晋文公伐原，计划的七天时间快到了，原仍不投降，晋文公下令撤退。有情报说原马上要投降了，所以军吏反对撤退，晋文公说："信，国之宝也，民之所庇也，得原失信，何以庇之？所亡滋多。”即坚守诚信比不顾士卒生死而残酷地攻城略地、取得战争的胜利更重要。《韩非子·外诸说左上》载有吴起和魏文侯守信的故事，吴起路遇故人，约故人返回的时候来家里吃

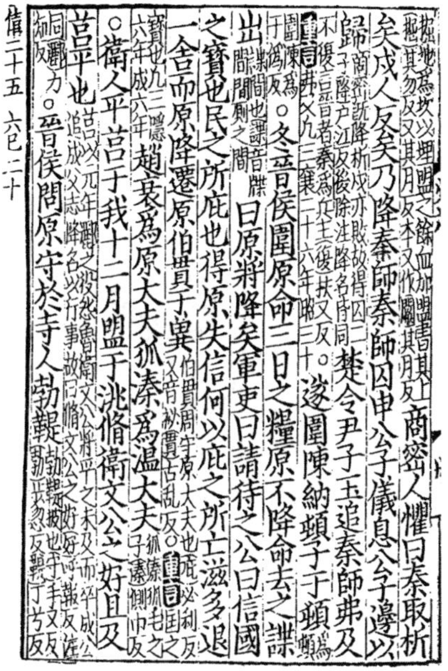
商密人懼曰秦取析矣戍人反矣乃降秦師秦師囚申公子儀息公子邊以歸
楚令尹子玉追秦師弗及
遂圍陳納頓子于頓
冬晉侯圍原命三日之糧原不降命去之諜出
曰原將降矣軍吏曰請待之公曰信國之寶也民之所庇也得原失信何以庇之所亡滋多退一舍而原降遷原伯貫于冀
趙衰爲原大夫狐溱爲温大夫
衛人平莒于我十二月盟于洮脩衛文公之好且及莒平也
晉侯問原守於寺人勃鞮

僖二十五

《左传·僖公二十五年》书影

（“信国之宝也”）

饭，故人到了晚上没有来，吴起一晚上没有吃饭，第二天派人请来故人才一同吃饭。魏文侯与猎人约第二天一同打猎，第二天遇见大风，左右阻止其去，魏文侯坚持赴约。《史记·吴太伯世家》载，春秋时吴公子季札访鲁路过徐国，徐君喜欢季札宝剑，但是不好意思

季札像

开口。季札看出了徐君之意，但因为有出使重任，不能没有宝剑，但打算等返回后把宝剑送给徐君。等到季札返回来的时候，徐君已死，季札说：“始吾心已许之，岂以死倍吾心哉！”他还是坚持把宝剑挂在了徐君墓冢的树上。季札挂剑墓树与其说是不失信于徐君，倒不如说是不失信于自己的初心。

《韩非子·外储说左上》载，曾子之妻准备到市场去，其子哭泣着要跟随着母亲，曾子妻告诉儿子说在家等待，回来后杀猪给他吃。曾子妻返回来，曾子欲杀猪，曾子妻子称不过是给儿子说的戏言，曾子说，孩子听父母之教，“子欺之，是教子欺也。父欺子，子而不信其母，非以成教也”。于是杀猪给儿子吃。

《韩非子·外储说左上》还记载了楚厉王醉酒，与左右戏而击鼓，后来真有警，“击鼓而民不赴”。这个故事与周幽王为褒姒举烽火的例子绝相类似，《史记·周本纪》载周幽王爱褒姒，褒姒不好笑，幽王举烽火以博褒姒之笑，遂失信于诸侯。

《吕氏春秋·离俗览·贵信》说：“君臣不信，则百姓诽谤，社稷不宁。处官不信，则少不畏长，贵贱相轻。赏罚不信，则民易犯法，不可使令。交友不信，则离散郁怨，不能相亲。百工不信，则器械苦伪，丹漆染色不贞。夫可与为始，可与为终，可与尊通，可与卑穷者，其唯信乎！信而又信，重袭于身，乃通于天。以此治人，则膏雨甘露降矣，寒暑四时当矣。”作为领导人和执政者，守信和赏罚必信，是获得人民信任的前提；一个人，如果交友不诚信，就会没有朋友；一个工商业者如果不诚信，就离破产不远了。

需要注意的是，诚信必须以仁义为前提，即只有符合善才有诚信。《礼记·中庸》说：“诚身有道，不明乎善，不诚乎身矣。……诚之者，择善而固执之者

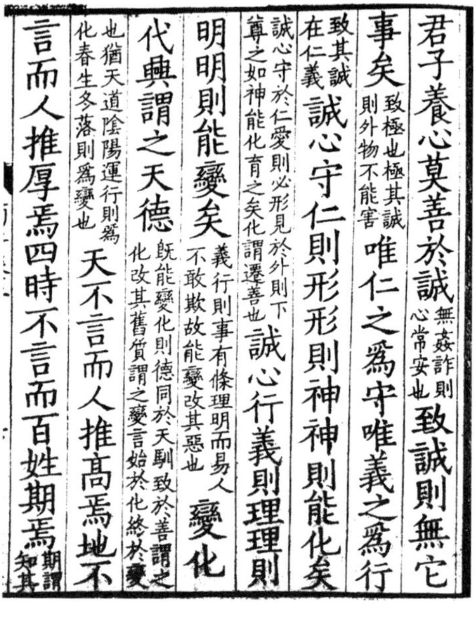
君子養心莫善於誠（無姦詐則心常安也）致誠則無它事矣（致極也極其誠則外物不能害）唯仁之爲守唯義之爲行（致其誠在仁義）誠心守仁則形形則神神則能化矣（誠心守於仁愛則必形見於外則下尊之如神能化育之矣化謂遷善也）誠心行義則理理則明明則能變矣（義行則事有條理明而易人不敢欺故能變改其惡也）變化代興謂之天德（既能變化則德同於天馴致於善謂之化改其舊質謂之變言始於化終於變也猶天道陰陽運行則爲化春生冬落則爲變也）天不言而人推高焉地不言而人推厚焉四時不言而百姓期焉（期謂知其）

《荀子·不苟》书影（“君子养心莫善于诚”）

也。”也就是说，诚信必须以实现善为目标。《荀子·不苟》说：“君子养心莫善于诚，致诚则无它事矣，唯仁之为守，唯义之为行。”《朱子语类》卷十六《大学三》说：“然诚者，真实无妄，安得有恶！有恶，不几于妄乎？”

《左传·宣公二年》载晋灵公无道，派鉏麑杀大臣赵盾，鉏麑见赵盾早早起床，穿好衣服，坐着假寐等候上朝，遂感叹说：“不忘恭敬，民之主也。贼民之主，不忠；弃君之命，不信。有一于此，不如死也。”于是触槐而死。钼麑选择了仁义，而放弃了“信”。《论语·子路》说：“言必信，行必果，硁硁然，小人哉！”孔子认为，如果背离仁义而谈“信”，无疑是小人之行径。《孟子·离娄下》说：“大人者，言不必信，行不必果，惟义所在。”《论语·子路》载，叶公赞扬“吾党有直躬者，其父攘羊，而子证之”，孔子以为“吾党之直者异于是，父为子隐，子为父隐。直在其中矣”。又《庄子·盗跖》载：“尾生与女子期于梁下，女子不来，水至不去，抱梁柱而死。”直躬者“诚”，尾生则“信”。《淮南子·泛论》说：“言而必信，

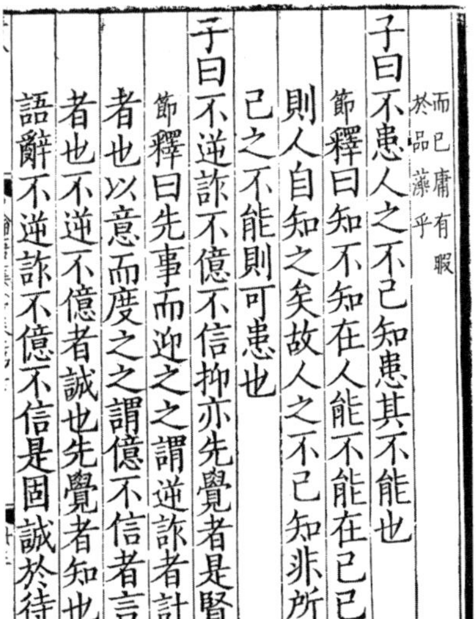
而已庸有暇於品藻乎
子曰不患人之不己知患其不能也
節釋曰知不知在人能不能在已已有能
則人自知之矣故人之不己知非所患而
己之不能則可患也
子曰不逆詐不億不信抑亦先覺者是賢乎
節釋曰先事而迎之之謂逆詐者計之詭
者也以意而度之之謂億不信者言之妄
者也不逆不億者誠也先覺者知也抑反
語辭不逆詐不億不信是固誠於待人矣

《论语·宪问》书影（“不亿不信”）

期而必当，天下之高行也。直躬其父攘羊而子证之，尾生与妇人期而死之。直而证父，信而溺死，虽有直信，孰能贵之?”“直信”即诚信。诚信当然是美德，但是，叶公之党直躬者背父求直，尾生不智，为信而抛弃父母昆弟，皆背离了仁义。《论语·阳货》说：“好信不好学，其蔽也贼。”贼即残暴。

孔子重视诚信，但认为违背仁义则无诚信。《论语·宪问》说：“不逆诈，不亿不信。”即不能轻易怀疑他人的诚信。《孟子·万章上》载孟子认为舜善待欲谋害自己的同父异母弟象，乃因为象说他是因想念兄长，所以来见舜，“彼以爱兄之道来，故诚信而喜之”。舜善待象，正是宅心仁厚的体现。

臨別贈言

友 善

“友善”指人与人之间友好和善的关系，“友善”作为社会主义核心价值观中公民的基本道德规范，着重于人与人之间应该建立亲善、友好、温暖、互助的人际关系。

在先秦文献中，虽有“友善”连用的例子，但是，“友善”并不是一个固定搭配的词组。《论语 · 季氏》载孔子曰：“益者三友，损者三友。友直，友谅，友多闻，益矣。友便辟，友善柔，友便佞，损矣。”邢昺《论语注疏》解释说：“此章戒人择友也。……善柔，谓面柔，和颜悦色以诱人者也。”“善柔”组成一词，而“友”是“善柔”的主语。《管子 · 四称》载管子说无道之臣的特点时说：“不与善人，唯其所事。倨敖不恭，不友善士。”又说：“迁损善士，捕援货人。入则乘等，出则党

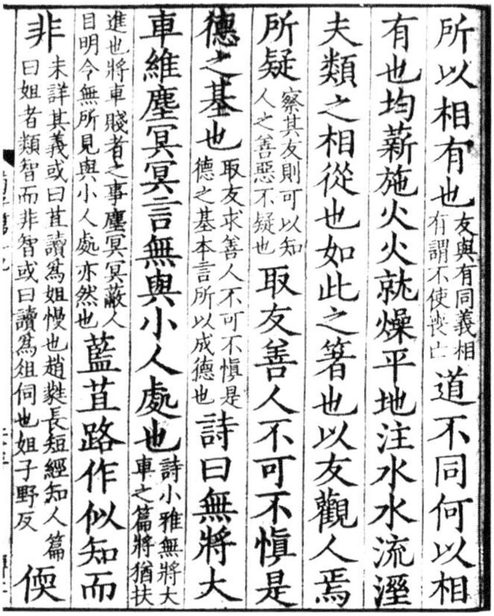
所以相有也友與有同義相有謂不使喪亡道不同何以相有也均薪施火火就燥平地注水水流溼夫類之相從也如此之箸也以友觀人焉所疑察其友則可以知人之善惡不疑也取友善人不可不慎是德之基也取友求善人不可不慎是德之基本言所以成德也詩曰無將大車維塵冥冥言無與小人處也詩小雅無將大車之篇將猶扶進也將車賤者之事塵冥冥蔽人目明令無所見與小人處亦然也藍苴路作似知而非未詳其義或曰苴讀爲狙慢也趙蕤長短經知人篇曰狙者類智而非智或曰讀爲狙伺也狙子野反偄

《荀子·大略》书影（“取友善人”）

骈。货贿相入，酒食相亲。”《荀子·大略》曰：“取友善人，不可不慎，是德之基也。《诗》曰：‘无将大车，维尘冥冥。’言无与小人处也。”在这里，“善人”、“善士”组成一词，“友”作为动词使用。

“友善”作为一个固定的词汇，在汉代以后才开始被广泛使用。《初学记·人部·交友》引《孔丛子》曰：“子高游赵，平原君客有邹文节，与子高相友善。”子高即孔穿，是《孔丛子》的作者孔鲋的祖父。孔鲋是孔子八世孙，曾为陈涉博士。《汉书·息夫躬传》载：“息夫躬，字子微，河内河阳人也。少为博士弟子，受《春秋》,通览记书。容貌壮丽,为众所异。哀帝初即位,皇后父特进孔乡侯傅晏与躬同郡,相友善,躬繇是以为援,交游日广。”傅晏是汉哀帝傅皇后之父,汉哀帝祖母定陶傅太后从弟,官至大司马卫将军,封孔乡侯。息夫躬与傅晏同郡,私教甚好,后待诏黄门,因“数危言高论”,因检举东平王室而受汉哀帝器重,任光禄大夫,封宜陵侯。因惧怕被权贵所害,曾作骚体《绝命辞》,陈述自己所处危殆的环境及对忠而见嫉的幽愤,后因受人诬告被捕,暴死。

又《汉书·段会宗传》曰:“会宗为人好大节,矜功名,与谷永相友善。”段会宗,字子松,天水上邽(今属甘肃)人,是西汉著名军事家和外交家。曾两次出任西域都护,四次出使乌孙国,平定乌孙内乱,册立新君,为西域归附汉朝作出了重要贡献,并最终逝于乌孙国。谷永在汉成帝时累迁光禄大夫,依附王氏集团,屡上疏言事,专以攻击皇帝及后宫为能,不受皇帝亲信。官至大司农。谷永与段会宗是好友,当段会宗第二次出任西域都护时,谷永怜悯段会宗老迈而远赴异域。

汉代以后，在使用“友善”一词的时候，多只强调了两人之间关系的亲密，而不涉及两个互相友善之人间的价值正负。而在孔子及原始儒家的价值体系中，“友”与“善”不仅仅体现亲密、友善之意，更体现“以善为友”的价值取向。这是我们今天建设社会主义核心价值观应倍加珍视的传统。

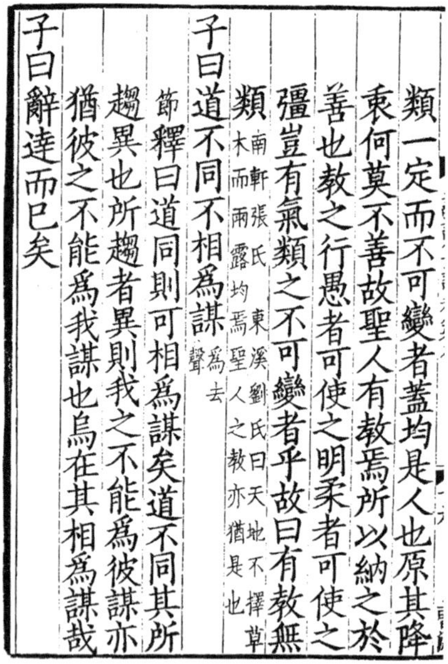
類一定而不可變者蓋均是人也原其降衷何莫不善故聖人有教焉所以納之於善也教之行愚者可使之明柔者可使之彊豈有氣類之不可變者乎故曰有教無類南軒張氏東溪劉氏曰天地不擇草木而雨露均焉聖人之教亦猶是也

子曰道不同不相爲謀爲去聲

節釋曰道同則可相爲謀矣道不同其所趨異也所趨者異則我之不能爲彼謀亦猶彼之不能爲我謀也烏在其相爲謀哉

子曰辭達而已矣

《论语·卫灵公》书影(“道不同不相为谋”)

友，本义指朋友。《说文解字·又部》曰：“同志为友。从二又，相交友也。”即朋友是有共同志向的人。《释名·释言语》曰:“友,有也,相保有也。”即朋友是互相促进、互相扶持的。《论语·卫灵公》载孔子曰:“道不同,不相为谋。”《荀子·大略》说:“君人者不可以不慎取臣,匹夫不可以不慎取友。友者,所以相有也。道不同,何以相有也? 均薪施火,火就燥;平地注水,水流湿。夫类之相从也,如此之著也,以友观人,焉所疑?”《盐铁论·忧边》文学引孔子曰:“不通于论者难于言治,道不同者,不相与谋。”《颜氏家训·杂艺》说:“故道不同不相为谋也。”都是说必须是同道之人才可为“友”。

《尔雅·释训》曰:“善兄弟为友。”《广雅·释诂三》曰:“友,亲也。”此处“友”用作动词,指亲善、友善。《孟子·万章下》载,万章“问友”,孟子曰:“不挟长,不挟贵,不挟兄弟而友。友也者,友其德也,不可以有挟也。”《荀子·性恶》曰:“夫人虽有性质美而心辩知,必将求贤师而事之,择良友而友之。得贤师而事之,则所闻者尧、舜、禹、汤之道也;得良友而友之,则所见者忠信敬让之行也。……传曰:‘不知其子视其友,不知其君视其左右。’”“择良友而友之”，正体现了“以善为友”的择友之道。

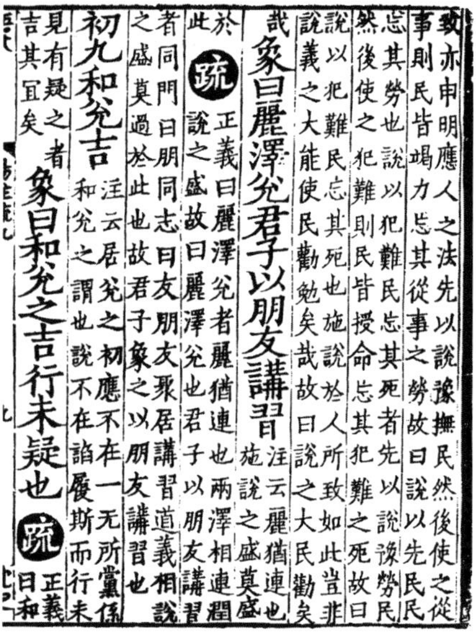
致亦申明應人之法先以說豫撫民然後使之從事則民皆竭力忘其從事之勞故曰說以先民民忘其勞也說以犯難民忘其死者先以說豫勞民然後使之犯難則民皆授命忘其犯難之死故曰說以犯難民忘其死也施說於人所致如此豈非說義之大能使民勸勉矣哉故曰說之大民勸矣哉

象曰麗澤兌君子以朋友講習 注云麗猶連也施說之盛莫盛於此 疏 正義曰麗澤兌者麗猶連也兩澤相連潤說之盛故曰麗澤兌也君子以朋友講習者同門曰朋同志曰友朋友聚居講習道義相說之盛莫過於此也故君子象之以朋友講習也

初九和兌吉 注云居兌之初應不在一无所黨係和兌之謂也說不在諂履斯而行未見有疑之者吉其宜矣

象曰和兌之吉行未疑也 疏 正義曰和

《周易注疏·兑》书影

和“友”意思相近的，还有“朋”字。《周易·兑卦·象传》曰：“君子以朋友讲习。”孔颖达《周易正义》曰：“同门曰朋，同志曰友。”《广雅·释诂三》曰：“朋，比也。”《说文解字·比部》曰：“比，密也，二人为从，反从为比。”《玉篇·比部》曰：“比，近也，亲也。”在现代汉语中，“友人”即指“朋友”，而在古代汉语中，“朋”与“友”作为名词和动词，意义都可以相通。但

“朋”指“朋党”时，朋、党又都是贬义词了，指的是不善之人的狼狈为奸。《吕氏春秋·离俗览·举难》载白圭答孟尝君曰：“且师友也者，公可也；戚爱也者，私安也。以私胜公，衰国之政也。”《论语·宪问》载，或曰：“以德报怨，何如？”孔子曰：“何以报德？以直报怨，以德报德。”以直报怨，以德报德，就是不因自己的私情而改变待人和处事的态度。《论语·里仁》载孔子说：“人之过也，各于其党。观过，斯知仁矣。”各于其党，就是党同伐异。《论语·颜渊》载，子张问“崇德辨惑”。孔子说：“主忠信，徙义，崇德也。爱之欲其生，恶之欲其死。既欲其生，又欲其死，是惑也。”友善应该是崇德，而不应有“私安”之“惑”。

《说文解字·誩部》曰：“譱，吉也。从誩，从羊，此与义、美同意。”“譱”即“善”字。《正字通·口部》曰：“善，与人交欢曰友善。”此处“善”的意思可以理解为喜欢。《史记·陈涉世家》曰：“陈王以朱房为中正，胡武为司过，主司群臣。诸将徇地，至令之不是者，系而罪之，以苛察为忠。其所不善者，弗下吏，辄自治之。

陈王信用之。诸将以其故不亲附，此其所以败也。”《华阳国志·刘先主志》曰：“汉嘉太守黄元，素(诸葛)亮所不善，闻先主疾病，虑有后患，举郡拒守。”《三国志·蜀书·杨洪传》曰：“汉嘉太守黄元素为诸葛亮所不善，闻先主疾病，惧有后患，举郡反，烧临邛城。”这里的“不善”即不喜欢之意，即憎恶、讨厌。

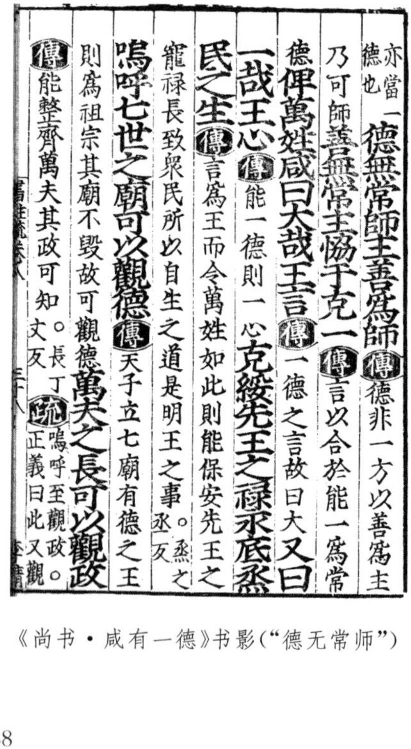
亦當一德也德無常師主善爲師傳德非一方以善爲主
乃可師善無常主協于克一傳言以合於能一爲常
德俾萬姓咸曰大哉王言傳一德之言故曰大又曰
一哉王心傳能一德則一心克綏先王之祿永底烝
民之生傳言爲王而令萬姓如此則能保安先王之
寵祿長致衆民所以自生之道是明王之事。烝之丞反
嗚呼七世之廟可以觀德傳天子立七廟有德之王
則爲祖宗其廟不毀故可觀德萬夫之長可以觀政
傳能整齊萬夫其政可知。長丁丈反疏嗚呼至觀政。正義曰此又觀

《尚书·咸有一德》书影(“德无常师”)

作动词用的时候，“善”与“恶”相对。作名词用的时候，“善”也与“恶”相对。在原始儒家话语体系中，作为名词的“善”更是承载了终极价值追

求。《尚书·虞夏书·大禹谟》载，夏禹曰："德惟善政，政在养民。"《尚书·商书·汤诰》曰："天道福善祸淫。"《尚书·商书·伊训》曰："惟上帝不常，作善降之百祥，作不善降之百殃。"《尚书·商书·咸有一德》曰："德无常师，主善为师。善无常主，协于克一。"《尚书·商书·盘庚上》曰："无有远迩，用罪伐厥死，用德彰厥善。邦之臧，惟汝众；邦之不臧，惟予一人有佚罚。"臧即善，不臧即不善。《尚书·周书·泰誓中》曰："我闻吉人为善，惟日不足。凶人为不善，亦惟日不足。"《尚书·周书·蔡仲之命》曰："为善不同，同归于治；为恶不同，同归于乱。"《尚书·周书·毕命》曰："彰善瘅恶，树之风声。"弃恶扬善，自夏、商、周三代以来，一直是古代圣王所不懈追求的目标。

追求善，戒除不善，也是孔子及其后学一向的追求。《易传·坤文言》曰："积善之家必有余庆，积不善之家必有余殃。"《易传·大有卦·象传》曰："君子以遏恶扬善，顺天休命。"《易传·益卦·象传》曰："君子以见善则迁，有过则改。"《易传·系辞上》孔子曰："君

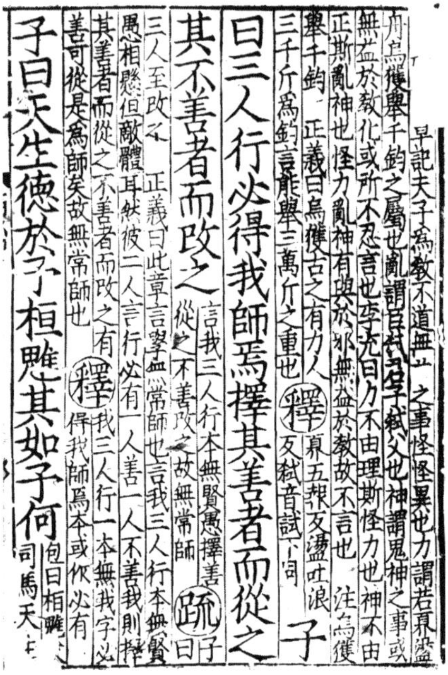

畢記夫子爲教不道無益之事怪怪異也力謂若奡盪
舟烏獲舉千鈞之屬也亂謂臣弒君子弒父也神謂鬼神之事或
無益於教化或所不忍言也李充曰力不由理斯怪力也神不由
正斯亂神也怪力亂神有與於邪無益於教故不言也 注烏獲
舉千鈞 正義曰烏獲古之有力人 釋 奡五報反盪吐浪
三千斤爲鈞言能舉三萬斤之重也 釋 又弒音試下同 子
曰三人行必得我師焉擇其善者而從之
其不善者而改之 言我三人行本無賢愚擇善從之不善改之故無常師 疏 子曰
三人至改之 正義曰此章言學無常師也言我三人行本無賢
愚相懸但敵體耳然彼二人言行必有一人善一人不善我則擇
其善者而從之不善者而改之有 釋 我三人行一本無我字必
善可從是爲師矣故無常師也 釋 得我師焉本或作必有
子曰天生德於予桓魋其如予何 包曰桓魋司馬天

《论语·述而》书影（“择其善者而从之”）

子居其室，出其言善，则千里之外应之，况其迩者乎？居其室，出其言不善，则千里之外违之，况其迩者乎？”是说君子应该重视言与行，善言善行，则天下响应；恶言恶行，则人神共弃。又《易传·系辞下》载孔子曰：“善不积不足以成名，恶不积不足以灭身。小人以小善为无益而弗为也，以小恶为无伤而弗去也，故恶积而不可掩，罪大而不可解。”《论语·述而》载孔子曰：“德之不修，学之不讲，闻义不能徙，不善不能改，是吾忧也。”

又曰:“三人行,必有我师焉:择其善者而从之,其不善者而改之。”《论语·季氏》载孔子曰:“见善如不及,见不善如探汤。”《孟子·尽心下》曰:“鸡鸣而起,孳孳为善者,舜之徒也;鸡鸣而起,孳孳为利者,跖之徒也。欲知舜与跖之分,无他,利与善之间也。”

《左传·隐公六年》载陈国大臣五父曰:“亲仁善邻,国之宝也。”后又引君子曰:“善不可失,恶不可长。”“长恶不悛,从自及也。”所谓善,就是居仁由义。《孟子·告子上》曰:“人性之善也,犹水之就下也。人无有不善,水无有不下。”又曰:“恻隐之心,人皆有之;羞恶之心,人皆有之;恭敬之心,人皆有之;是非之心,人皆有之。恻隐之心,仁也;羞恶之心,义也;恭敬之心,礼也;是非之心,智也。”仁即爱人,而恻隐之心正是通向善的路径,而羞恶之心、恭敬之心、是非之心都包含在恻隐之心中。《孟子·离娄下》曰:“人之所以异于禽兽者几希,庶民去之,君子存之。”人所以异于禽兽,就在于人有恻隐、羞恶、恭敬、是非之心,有仁、义、礼、智诸价值信条。《孟子·尽心下》说:“人皆有所不忍,达之于其所忍,仁也;人皆有所不为,达之于其所为,义也。人能充无欲害人之心,而仁不可胜用也;人能充无穿逾之心,而义不可胜用也。”君子为人,无欲害人,便是仁;无欲穿墙逾屋而生奸利之心,便是义。《孟子·公孙丑上》曰:“凡有四端于我者,知皆扩而充之矣。若火之始然,泉之始达。苟能充之,足以保四海;苟不充之,不足以事父母。”也就是说,人与人相处,内心必须不断扩充仁、义、礼、智四者。《孟子·离娄下》曰:“由仁义行。”《孟子·尽心上》曰:“居恶在?仁是也。路恶在?义是也。居仁由义,大人之事备矣。”

《易·坤卦·象传》曰:“君子以厚德载物。”所谓厚德载物,即成人之美,与人为善。《论语·颜渊》载孔子曰:“君子成人之美,不成人之恶。小人反是。”《孟子·公孙丑上》曰:“故君子莫大乎与人为善。”《论语·学而》载孔子有“温良恭俭让”之德。《礼记·儒行》曰:“温良者,仁之本也;敬慎者,仁之地也;宽裕者,仁之作也;孙接者,仁之能也;礼节者,仁之貌也;

言谈者，仁之文也；歌乐者，仁之和也；分散者，仁之施也。儒皆兼此而有之，犹且不敢言仁也。其尊让有如此者。”温良、敬慎、逊接、礼节，言谈儒雅，歌乐从容，慈悲好施，是仁的表现形式，也应是友善的基本内涵。

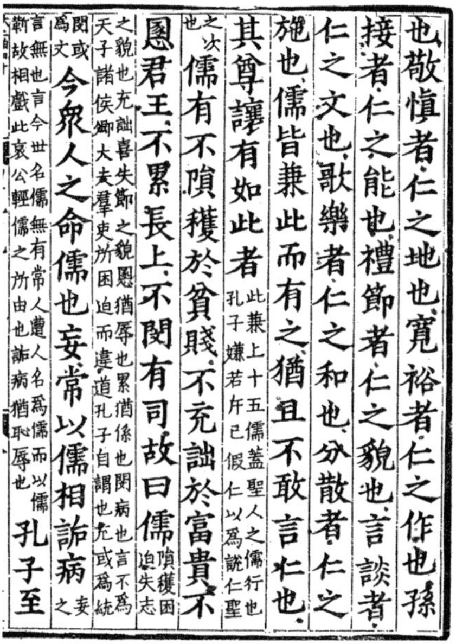
也敬慎者仁之地也寬裕者仁之作也孫
接者仁之能也禮節者仁之貌也言談者
仁之文也歌樂者仁之和也分散者仁之
施也儒皆兼此而有之猶且不敢言仁也
其尊讓有如此者此兼上十五儒蓋聖人之儒行也孔子嫌若斥己假仁以爲説仁聖之次也
儒有不隕穫於貧賤不充詘於富貴不
慁君王不累長上不閔有司故曰儒隕穫困迫失志之貌也充詘喜失節之貌慁猶辱也累猶係也閔病也言不爲天子諸侯卿大夫羣吏所困迫而違道孔子自謂也充或爲統閔或爲文
今衆人之命儒也妄常以儒相詬病妄之言無也言今世名儒無有常人遭人名爲儒而以儒靳故相戲此哀公輕儒之所由也詬病猶恥辱也
孔子至

《礼记·儒行》书影（“其尊让有如此者”）